LETTRES STOÏCIENNES SUR LA VIEILLESSE ET LA MORT

Sénèque

LETTRES STOÏCIENNES SUR LA VIEILLESSE ET LA MORT

Sélection de lettres à Lucilius

EDITORIAL
LETRA MINÚSCULA

Première édition : 2024
ISBN : 978-84-10245-68-6

Traduction, introduction et notes de Alexandre Lefebvre
Publié par Editorial Letra Minúscula
www.letraminuscula.com
contacto@letraminuscula.com

ÍNDICE

AVANT-PROPOS

Le genre épistolaire trouve ses origines dans l'Égypte ancienne, certaines des références les plus anciennes remontant au 25e siècle avant J.-C. Cependant, c'est dans la culture grecque et romaine qu'il a atteint une splendeur inhabituelle, en raison de sa nature littéraire et philosophique.

Les épîtres sont devenues un support qui s'intègre parfaitement à la culture de l'époque. À l'époque, la pensée philosophique et littéraire grecque se transmettait oralement sur l'*agora*. Le dialogue était le genre privilégié. On peut le constater dans la dialectique socratique, par exemple, où la vérité est atteinte dans la conversation. Les épîtres sont donc devenues ce lieu de rencontre, à l'image de la place. Elles ont été utilisées par Empédocle, Platon, Épicure, entre autres, et bien qu'elles s'adressent à une personne en particulier, elles traitent de questions morales, politiques, esthétiques, philosophiques qui intéressent un public plus large.

Il en va de même pour les philosophes latins, tels que Cicéron et, bien sûr, Sénèque. Ce dernier a développé une œuvre non seulement philosophique, mais aussi littéraire. Il est l'auteur de plusieurs tragédies, dont Œdipe, Phèdre,

Agamemnon et Médée. Il a également écrit des consolations et des dialogues.

Dans l'œuvre du philosophe latin, les *Lettres à Lucilius*, également connues sous le nom d'*Épîtres morales*, se distinguent. Cet ensemble de 124 lettres a été écrit par Sénèque au cours des dernières années de sa vie, après avoir servi l'empereur Néron. Les lettres sont adressées au procurateur romain Lucilius, et bien qu'il n'y ait pas d'autres références historiques à ce personnage au-delà de ce qui est mentionné dans les épîtres de Sénèque, elles ne sont pas considérées comme artificielles ou fictives, étant donné qu'elles incluent également des aspects de la vie quotidienne du philosophe latin - elles sont un tableau qui peint l'histoire et les coutumes de l'époque.

Quant aux thèmes abordés dans les épîtres, on retrouve plusieurs thèmes communs au stoïcisme, tels que la mort, la sagesse, la vieillesse et la vertu. Elles sont considérées comme un document autobiographique qui fait également appel à l'amitié. Dans ces lettres, on retrouve donc la figure de l'auteur et celle du destinataire, et entre cet émetteur et ce récepteur se construit un élément signifiant qui parvient à être universel.

Dans le présent volume, quinze lettres essentielles relatives à la mort et à la vieillesse ont été sélectionnées dans le cadre d'un processus de conservation. Nous y voyons un Sénèque approchant de la fin de sa vie et réfléchissant à ce que cela signifie. Le philosophe latin fait preuve de détachement et tente de transmettre à Lucilius la sagesse que la vie laisse derrière elle dans ce dernier chapitre qu'est la vieillesse. Il nous dit : «La plupart des hommes oscillent misérablement entre la peur de la mort et les difficultés de la vie ; ils ne veulent pas vivre, mais ils ne savent pas non plus comment mourir.

C'est pourquoi, rends la vie agréable dans son ensemble en bannissant toute préoccupation à son égard.»

Cette phrase, qui apparaît dans la première lettre, nous montre une attitude ouvertement stoïcienne. Sénèque parle de la peur, de la vie et de l'acceptation de la mort. La vie est malheureuse quand on a peur de la perdre. C'est la grande leçon que reçoit Lucilius. Pour conclure, le philosophe latin cite Épicure, selon qui les lois naturelles que nous partageons sont d'une grande richesse.

Les épîtres ne sont pas classées par ordre chronologique, mais sont reliées entre elles par les thèmes qu'elles abordent. Dans la douzième épître, qui porte *Sur la vieillesse*, Sénèque fait appel à sa propre vie ; il permet au lecteur d'observer son quotidien alors qu'il vit le crépuscule de sa vie. Encore une fois, comme dans la lettre sur la mort, nous trouvons dans celle-ci un regard stoïque sur le processus de la vieillesse, un regard qui appelle à l'acceptation de cette étape. «Les fruits sont les mieux accueillis lorsqu'ils sont sur le point de s'éteindre ; la jeunesse est la plus charmante à sa fin ; la dernière gorgée, la coupe qui l'assaisonne et met la touche finale à son ivresse, ravit le buveur. Tout plaisir réserve pour la fin les plus grandes délices qu'il contient. C'est sur la pente descendante que la vie est la plus délicieuse.» On peut en conclure qu'accepter de bon gré le destin qui lui est imposé est fondamentalement la sagesse qu'il veut transmettre à Lucilius.

Cette lettre est liée à la vie, à la vieillesse comme un cercle existentiel qui en enferme d'autres plus petits, où il y a l'âge adulte, la jeunesse et l'enfance. Elle réfléchit également au temps et à l'espace, pour revenir, de manière circulaire, au fantôme de la vieillesse et de la mort, et dire à Lucilius, en reprenant les mots de Virgile dans l'*Énéide*, qu'il faut accepter la vie vécue et la fortune reçue. Il faut voir la fin avec joie.

Puis il retourne à la mort pour la mépriser. Dans les lettres qui suivent, Sénèque met Lucilius au défi de penser au présent et de ne pas le gâcher par peur de l'avenir. Ce qui peut arriver, arrivera, dit le philosophe latin, qui mentionne ensuite Socrate et Rutilius, qui ont affronté l'adversité sans crainte, le premier depuis la prison et le second depuis l'exil.

Ces lettres défendent l'importance d'affronter la mort avec courage, sans peur et avec une attitude qui est loin d'être résignée, même s'il faut s'y abandonner en sachant qu'il n'y a pas d'issue. Mépriser la mort, c'est lui enlever son pouvoir, c'est accepter sa présence constante dans la vie, comme elle nous enlève la vie chaque jour, seconde après seconde.

Ainsi, Sénèque retrouve ces deux concepts sur lesquels il réfléchit : la vieillesse et la mort. Il commence par définir la vieillesse et la catégoriser selon l'état du corps. Il le fait en parlant de lui-même. «Il devrait y avoir un autre mot pour désigner mon âge et surtout mon corps, car le mot vieillesse s'applique à un corps fatigué, mais pas à un corps épuisé. Je crains d'être parmi les épuisés, parmi ceux qui approchent déjà de la fin.»

La vieillesse se distingue donc de l'état proche de la mort. C'est la vieillesse qui doit démontrer la force de l'âme, qui n'est pas dans les actes ou les connaissances acquises dans la jeunesse, mais dans le moment où l'on affronte la fin de son existence. Penser à la mort, dit le philosophe latin en citant Épicure. «Celui qui a appris à mourir a abandonné l'esclavage.»

Plus loin, Sénèque cite l'historien romain Publius Aufidius Basus et met Lucilius au défi de comprendre qu'il n'y a pas de mal dans la mort. Une fois encore, il reprend un précepte mentionné dans les épîtres : pour ne pas craindre la mort, il faut y penser. Y penser et l'accepter.

Mais le philosophe latin ne s'arrête pas à cette définition ni à ces préceptes qui se répètent sans cesse dans toutes ses lettres. Il nous parle aussi *Sur la brièveté de la vie*, il apprend à Lucilius à apprécier l'existence par l'usage qu'on en fait. Ici encore une fois, la mort apparaît comme un fantôme, mais cette fois-ci, l'accent n'est pas mis sur la mort, mais sur la façon dont nous vivons.

Mais là encore, comme dans un cercle, un chemin qui revient sur lui-même, la mort est une constante dans les lettres présentées ici. Par exemple, sa relation avec l'asthme. Aucune maladie ne semble plus gênante à Sénèque, elle lui coupe l'air, et apparaît donc comme le symbole de ce que sera son dernier souffle. Cette absence d'air, c'est donc la vie qui nous abandonne complètement.

En ce sens, les lettres reviennent sur les thèmes qu'elles abordent. La mort et la vieillesse, leur relation avec la maladie et avec les motivations et les attitudes des hommes. Le caractère face à la mort, la capacité à accepter l'inévitable. Même le suicide et la mort des amis sont des sujets dont Sénèque parle à Lucilius. Des thèmes qui sont explorés à la lumière de l'histoire romaine et grecque.

Alexandre Lefebvre

LETTRE 4
SUR LA PEUR DE LA MORT

Continue comme tu as commencé et hâte-toi le plus longtemps possible pour jouir d'une âme purifiée, en paix avec elle-même. Sans doute éprouveras-tu du plaisir pendant que tu l'amélioreras et que tu la mettras en paix avec elle-même, mais plus intense encore est le plaisir qui naît de la contemplation d'une âme qui brille parce qu'elle est purifiée de toute tache. Tu te souviens, bien sûr, de la joie que tu as ressentie lorsque tu as déposé les vêtements de l'enfance, que tu as revêtu la toge et que tu as été escorté jusqu'au forum ; mais tu peux espérer une joie encore plus grande lorsque tu déposeras l'esprit de l'enfance et que la sagesse t'enrôlera parmi les adultes. En effet, ce n'est pas l'enfance qui nous reste, mais quelque chose de pire : l'infantilisme. Et cet état est d'autant plus grave que nous possédons l'autorité de la vieillesse, en même temps que les folies des garçons, voire les folies des enfants. Les garçons ont peur des bagatelles, les enfants ont peur des ombres, et nous avons peur des deux.

Essaie d'aller de l'avant et tu te rendras compte que certaines choses sont moins effrayantes précisément parce qu'elles nous inspirent une grande peur. Le mal qui est le dernier de tous n'est pas grand. La mort serait une chose à craindre si elle pouvait rester avec toi, mais la réalité est que soit elle ne vient pas, soit elle vient et passe.

Tu me diras : «Il est difficile d'amener l'esprit à mépriser la vie.» Mais ne vois-tu pas quelles raisons mesquines poussent les hommes à mépriser la vie ? L'un se pend à la porte de sa maîtresse ; l'autre se jette du haut de la maison pour ne plus avoir à subir les railleries d'un maître de mauvaise humeur ; un troisième, pour ne pas être arrêté après s'être enfui, se plonge une épée dans les entrailles... Ne penses-tu pas que la vertu sera aussi efficace qu'une peur excessive ? Aucun homme ne peut avoir une vie tranquille s'il pense trop à la prolonger, ou s'il croit que vivre plusieurs consulats est un grand bienfait. Répète cette pensée tous les jours, afin de quitter la vie avec satisfaction ; car beaucoup s'y attachent comme ceux qui, emportés par un torrent, s'attachent aux ronces et aux rochers aigus.

La plupart des hommes oscillent misérablement entre la peur de la mort et les difficultés de la vie ; ils ne veulent pas vivre, mais ils ne savent pas non plus comment mourir. C'est pourquoi, rends la vie agréable dans son ensemble en bannissant toute préoccupation à son égard. Aucun bien ne rend son possesseur heureux si son esprit ne se réconcilie pas avec la possibilité de le perdre ; rien ne se perd avec moins d'inconfort que ce qui ne peut être manqué. C'est pourquoi il faut encourager et endurcir son esprit contre les mésaventures qui frappent même les plus puissants. Par exemple, le destin de Pompée a été réglé par un enfant et un eunuque ; celui de Crassus par un accouchement cruel et insolent ; Caïus César a ordonné à Lépide de se dénuder le cou pour la hache du tribun Dextro, et il a lui-même offert sa propre gorge à Chearea. Aucun homme n'a jamais été si favorisé par la fortune que celle-ci ne l'ait pas menacé autant qu'il l'avait fait auparavant. Ne te fie pas à son calme apparent : en un instant, la mer est agitée dans ses profondeurs. Le jour même où les navires ont fait une démonstration de bravoure aux jeux, ils sont engloutis. Songe qu'un voleur et un ennemi peuvent t'égorger, et que, sans être ton maître, tout esclave exerce sur toi le pouvoir de vie et de mort. C'est pourquoi je dis : celui qui méprise sa propre vie est le maître de la tienne. Pense à ceux qui ont péri par des conspirations dans leur propre famille, assassinés ouvertement ou par ruse ; tu comprendras alors que la rage des esclaves tue autant que celle des rois. Qu'importe donc la puissance de celui que tu crains, puisque tous possèdent le pouvoir qui inspire ta crainte ? Si, par hasard, tu tombes entre les mains de l'ennemi, il ordonnera qu'on te conduise là où l'on te conduisait déjà. Pourquoi te trompes-tu volontairement et demandes-tu qu'on te dise maintenant, pour la première fois, quelle est la destination vers laquelle tu marches depuis longtemps ? Crois-moi : depuis le jour de ta naissance, tu y es conduit. Nous devons réfléchir à cette pensée, et à d'autres semblables, si nous voulons être à l'aise dans l'attente de cette dernière heure, dont la hantise rend toutes les précédentes inquiétantes.

Mais je dois terminer ma lettre. Permets-moi de partager avec toi le dicton suivant, également tiré du jardin d'un autre homme : «La pauvreté conforme à la loi de la nature est une grande richesse»[1]. Sais-tu quelles sont les limites que cette loi de la nature nous impose ? Tout simplement d'éviter la faim, la soif et le froid. Pour bannir la faim et la soif, il n'est pas nécessaire de se présenter aux portes des riches, ni de subir leurs

1 Usener. *Epicurea* (Frag. 477).

froncements de sourcils ou leurs bontés humiliantes ; il n'est pas nécessaire de naviguer sur les mers ni de courir après les armées : les nécessités de la nature sont facilement pourvues. Ce sont les superfluités qui nous font transpirer, qui usent nos robes, qui nous obligent à vieillir dans un camp, qui nous poussent vers des rivages étrangers. Le suffisant est à portée de main. Celui qui s'accommode de la pauvreté est riche.

LETTRE 12
SUR LA VIEILLESSE

Partout où je regarde, je vois la preuve de mon âge avancé[2]. J'ai récemment visité ma maison de campagne près de Rome et j'ai protesté contre l'argent qui avait été dépensé pour le bâtiment en ruine. Le majordome m'a répondu que les dégâts n'étaient pas dus à sa négligence, qu'il faisait de son mieux, mais que la maison était trop vieille. C'est moi qui ai construit cette maison ! Que me réserve l'avenir si les pierres de mon âge s'effritent déjà ? Je me suis mis en colère et j'ai profité de la première occasion pour me défouler sur lui. «Il est clair, criai-je, que ces platanes sont négligés : ils n'ont pas de feuilles, leurs branches sont noueuses et ratatinées, les troncs sont rugueux et mal entretenus. Cela n'arriverait pas si quelqu'un ameublissait la terre à leurs pieds et les arrosait.» Il a juré par ma divinité protectrice qu'il faisait de son mieux, mais ces arbres étaient également très vieux. Entre nous, je les ai plantés moi-même et j'ai vu leurs premières feuilles. Je me suis alors tourné

2 Au moment où il écrit cette épître, en octobre 1962, Sénèque a 63 ans.

vers la porte et j'ai demandé : «Qui est cet homme inutile ? Tu as bien fait de le placer à l'entrée, car il a déjà les pieds tournés vers l'extérieur[3]. D'où vient-il ? Quel plaisir as-tu trouvé à porter un mort ? « L'esclave répondit : «Ne me connais-tu pas ? Je m'appelle Felition ; quand j'étais enfant, tu me donnais de petites figurines[4]. Mon père était Filosito, le maître d'hôtel, et je suis ton esclave préféré.» «Cet homme est fou à lier, remarquai-je ; mon esclave est-il redevenu un petit garçon ? C'est bien possible, car ses dents tombent.»

Je dois à ma maison de campagne le fait que ma vieillesse soit devenue apparente partout où je regarde. Aimons et chérissons la vieillesse, car elle est pleine de plaisirs si nous savons en profiter. Les fruits sont les bienvenus lorsqu'ils sont sur le point de s'éteindre ; la jeunesse est la plus délicieuse à sa fin ; la dernière gorgée, la coupe qui l'assaisonne et met la touche finale à son ivresse, ravit le buveur. Tout plaisir réserve pour la fin les plus grandes délices qu'il contient. La vie est plus délicieuse lorsqu'elle est sur la pente descendante, mais elle n'a pas encore atteint le déclin abrupt. Je crois que la période qui est, pour ainsi dire, au bord du plafond, possède des plaisirs qui lui sont propres. Comme il est réconfortant d'avoir fatigué les appétits et d'en avoir fini avec eux ! «Mais, tu dis, c'est un inconvénient d'avoir la mort si proche ! Mais la mort doit être regardée en face par les jeunes et les vieux. Elle ne nous convoque pas selon le recensement. D'ailleurs, personne n'est assez vieux pour ne pas s'attendre à vivre un jour de plus. Et un jour, attention, c'est une étape sur le chemin de la vie.

---

3 Pour comprendre l'ironie, il faut rappeler que, lors des funérailles romaines, les pieds des cadavres étaient dirigés vers la sortie.

4 Le dernier jour des Saturnales, les seigneurs offraient aux enfants de petites figurines en terre cuite.

Notre vie est divisée en plusieurs parties ; elle est constituée de grands cercles entourant des cercles plus petits. Le cercle qui englobe et délimite le reste va de la naissance au dernier jour de l'existence. Le cercle suivant limite la période de ta jeunesse. Le troisième cercle enferme dans sa circonférence l'ensemble de l'enfance. Il y a aussi, dans une classe distincte, l'année, qui contient en elle-même toutes les divisions du temps par la multiplication desquelles nous obtenons le total de la vie. Le mois est délimité par un anneau plus étroit. Le cercle le plus petit de tous est le jour, mais même un jour a son début et sa fin, son lever et son coucher de soleil. C'est pourquoi Héraclite, surnommé «l'obscur» en raison de la complexité de son style, a déclaré : «Un jour est identique à n'importe quel autre jour.» Cette maxime a été interprétée différemment par les uns et les autres. Certains considèrent que les jours sont égaux en nombre d'heures, ce qui est vrai, car si l'on entend par *jour* vingt-quatre heures, tous les jours doivent être égaux, puisque la nuit acquiert ce que le jour perd. Mais d'autres soutiennent qu'un jour est égal à tous les jours par ressemblance, parce que le plus long espace de temps ne possède aucun élément qui ne se trouve dans un seul jour, - à savoir la lumière et l'obscurité, - et que, jusque dans l'éternité, le jour rend ces alternances plus nombreuses, n'étant pas différent quand il est plus court et différent encore quand il est plus long. C'est pourquoi chaque jour doit être réglé comme s'il clôturait la série, comme s'il arrondissait et achevait notre existence.

Pachuvius, devenu maître de la Syrie à la suite d'une longue occupation, avait l'habitude d'organiser un sacrifice funéraire régulier en son honneur, avec du vin et le festin funéraire habituel. Il se faisait ensuite porter de la salle à manger à sa chambre pendant que les eunuques lui chantaient : «Il a vécu sa vie, sa vie est finie !»[5]. C'est ainsi qu'il se faisait porter chaque jour au tombeau. Faisons pour une bonne raison ce qu'il a fait pour une mauvaise raison ; endormons-nous dans la joie et l'allégresse, et disons :

«J'ai vécu ma vie ; la voie que la fortune m'a tracée est terminée»[6].

Et s'il plaît à Dieu d'ajouter un jour supplémentaire, nous devons l'accueillir avec un cœur joyeux. La personne la plus heureuse et la plus sûre d'elle est celle qui peut envisager le lendemain sans crainte. Lorsque quelqu'un a dit : «J'ai vécu !», chaque nouveau matin est un cadeau.

Mais je dois maintenant clore ma lettre. «Est-ce qu'elle me parviendra sans aucune petite offrande ?», demandes-tu. Ne crains rien, apporte quelque chose ; plus que quelque chose, beaucoup. Car quoi de plus noble que la maxime suivante, dont je fais de cette lettre le porteur : «Il est mauvais de vivre dans le besoin ; mais il n'est pas du tout nécessaire de vivre dans le besoin»[7]. Bien sûr que non. Partout, il existe de nombreux chemins courts et faciles vers la liberté ; et remercions Dieu que personne ne puisse être retenu dans la vie. Nous pouvons rejeter les restrictions mêmes qui nous retiennent. «Épicure, réponds-tu, a prononcé ces mots : que fais-tu de la propriété d'autrui ?» Je prétends que toute vérité est ma propriété. Et je continuerai à t'abreuver de citations d'Épicure pour que tous ceux qui ne jurent que par les mots d'autrui, qui accordent de la valeur à celui qui parle et non à ce qui est dit, comprennent que les meilleures idées sont un bien commun.

---

5 À l'époque impériale, certaines personnes raffinées avaient l'habitude de simuler leurs propres funérailles après un splendide dîner.

6 Virgile. *Enéide*. IV (653).

7 Usener. *Epicurea* (Frag. 487).

LETTRE 24
SUR LE MÉPRIS DE LA MORT

Tu m'écris que tu t'inquiètes de l'issue d'un procès dont tu es menacé par un adversaire en colère, et tu attends de moi que je te dise que tout ira bien, que tu devrais te reposer sur les encouragements de l'espoir. Pourquoi devrions-nous invoquer les ennuis ou les anticiper, pourquoi devrions-nous gâcher le présent par crainte de l'avenir ? Il est en effet insensé d'être malheureux aujourd'hui de peur de l'être à l'avenir. Mais je vais te conduire à la paix de l'esprit d'une autre manière : si tu veux cesser de t'inquiéter, pars du principe que ce que tu crains de voir arriver arrivera certainement de toute façon ; quel que soit le problème, mesure-le dans ton esprit et évalue le montant de ta peur. Tu te rendras alors compte que ce que tu crains est insignifiant ou de courte durée. Et tu n'as pas besoin de passer beaucoup de temps à rassembler des exemples pour te fortifier ; toutes les époques en ont produit. Laisse tes pensées voyager à n'importe quelle époque de l'histoire romaine ou étrangère, et des exemples remarquables de grandes réalisations ou de grands efforts se présenteront à toi.

Si tu perds ce procès, peut-il t'arriver quelque chose de pire que d'être exilé ou emprisonné ? Existe-t-il un sort pire que d'être brûlé ou tué ? Cite ces peines une à une, et nomme les hommes qui les ont méprisées ; il n'est pas nécessaire de les chercher, il suffit de les choisir. Rutilius a supporté son exil comme si l'injustice de la sentence était la seule chose qui le gênait[8]. Metellus[9] l'a supporté courageusement, Rutilius même joyeusement. Le premier n'a accepté de revenir que parce que son pays l'appelait ; le second a refusé de revenir lorsque Sulla l'a convoqué - et personne à l'époque ne disait «non» à Sulla ! Socrate a donné des conférences en prison et a refusé de s'enfuir lorsque certaines personnes lui en ont donné l'occasion ; il y est resté pour libérer l'humanité de la peur de deux choses très graves : la prison et la mort. Mucius a mis sa main dans le feu. Il est douloureux de brûler, mais combien plus douloureux de s'infliger une telle souffrance ! Voilà un homme sans connaissance, non préparé à affronter la mort et la douleur avec une quelconque sagesse, doté seulement du courage d'un soldat, qui s'est puni lui-même pour son audace infructueuse ; il est resté là à regarder sa propre main droite tomber en morceaux jusqu'à ce que son ennemi ait retiré le feu. Il aurait pu faire quelque chose de plus réussi, mais jamais quelque chose de plus courageux. Vois combien un homme courageux est plus habile à résister aux tourments qu'un homme cruel à les infliger : Porsena pardonnait plus

---

8 Publius Rufus Rufus, militaire, orateur et historien romain appartenant à l'école du stoïcisme, est condamné au bannissement pour extorsion de fonds.

9 Quintus Caecilius Metellus Numidicus, homme politique et militaire romain qui dut s'exiler à Rhodes.

volontiers à Mucius d'avoir voulu le tuer que Mucius ne se pardonnait à lui-même de ne pas l'avoir fait.

«Oh, tu dis, ces histoires ont été répétées ad nauseam dans toutes les écoles ; très bientôt, lorsque tu aborderas le sujet « Du mépris de la mort », tu me parleras sûrement de Caton.» Mais pourquoi ne te parlerais-je pas de Caton, de la façon dont il a lu le livre de Platon[10] au cours de cette dernière nuit glorieuse, avec une épée à côté de son oreiller ? Il avait prévu ces deux exigences pour ses derniers moments : premièrement, avoir la volonté de mourir ; deuxièmement, avoir les moyens de le faire. Il mit donc de l'ordre dans ses affaires comme il le pouvait, vu l'état de ruine dans lequel il se trouvait, et veilla à ce que personne n'ait le pouvoir de le tuer ou la chance de le sauver. Il tira son épée, qui n'avait pas été tachée de sang jusqu'à cette dernière nuit, et s'écria : «Fortune, tu n'as rien obtenu en résistant à tous mes desseins. Je n'ai pas combattu pour ma liberté, mais pour celle de mon pays ; je n'ai pas lutté avec tant de ténacité pour être libre, mais pour vivre parmi des gens libres. Maintenant, puisque personne ne semble se soucier de cette lutte, je ferais mieux de me retirer en sécurité.» Ce disant, il s'infligea une blessure mortelle. Après que les médecins l'eurent pansée, avec moins de sang et moins de force, mais non moins de courage, en colère non seulement contre César, mais aussi contre lui-même, il déchira la plaie de ses faibles mains et expulsa - plutôt qu'il n'exhala - cette âme noble qui avait été si défiante envers toute la puissance du monde.

Je n'accumule pas ces exemples pour exercer mon esprit, mais pour t'encourager à affronter ce que l'on considère comme le plus terrible. Et je le ferai plus facilement en

10 Ce livre est le *Phédon*, dont le thème est l'immortalité de l'âme.

montrant que non seulement les hommes résolus ont méprisé ce moment où l'âme rend son dernier soupir, mais que certaines personnes, lâches par ailleurs, ont égalé en cela le courage des plus braves. Prenons l'exemple de Scipion[11], le beau-père de Gnaeus Pompée : il fut repoussé sur la côte africaine par un vent contraire et vit son navire au pouvoir de l'ennemi. Il se transperce alors le corps d'un coup d'épée et, lorsqu'on lui demande où se trouve le général, il répond : «Le général se porte bien.» Ces paroles le mirent au niveau de ses ancêtres, et il ne laissa pas perdre la continuité de la gloire que le destin avait accordée aux Espagnols en Afrique. Conquérir Carthage était un grand exploit, mais vaincre la mort en était un plus grand encore. «Le général va bien !» Un général de Caton pouvait-il mourir autrement ?

Je ne te renverrai pas à l'histoire, ni ne recueillerai les exemples de ces hommes qui, à travers les âges, ont méprisé la mort, car ils sont très nombreux. Considère notre époque, dont l'énervation et l'excès de raffinement suscitent nos plaintes ; elle compte pourtant des hommes de tout rang, de toute condition, de tout âge, qui ont mis fin à leurs malheurs par la mort.

Crois-moi, Lucilius : nous n'avons pas à craindre la mort, car elle nous aide à ne rien craindre. C'est pourquoi, lorsque ton ennemi te menace, écoute-le avec insouciance. Attends avec confiance un traitement juste, mais prépare-toi à l'injustice. Mais souviens-toi d'abord de dépouiller les choses de tout ce qui les trouble et les embrouille, et de voir ce qu'elles sont en elles-mêmes ; alors tu te rendras compte qu'elles ne contiennent rien d'autre à craindre que la peur qu'elles nous

---

11 Quintus Caecilius Metellus Scipio, homme politique et militaire romain qui soutenait Pompée, s'est suicidé pour éviter de tomber entre les mains de Jules César.

inspirent. Ce que tu vois arriver aux enfants nous arrive aussi, à nous qui ne sommes que des enfants un peu plus âgés : lorsque ceux qu'ils aiment, avec lesquels ils interagissent quotidiennement, avec lesquels ils jouent, apparaissent sous des masques, ils ont très peur. C'est pourquoi nous devrions ôter le masque non seulement des hommes, mais aussi des choses, et redonner à chaque objet son apparence propre.

«Pourquoi présentes-tu à mes yeux des épées, du feu, et une multitude de bourreaux qui grouillent autour de toi ? Ôte tout ce vain spectacle, derrière lequel tu te caches et effrayes les imbéciles. Ah, tu n'es que la mort, celle-là même qu'hier mon esclave et ma fille esclave méprisaient. Pourquoi étale-tu encore devant moi le fouet et la claie ? Pourquoi prépares-tu ces engins de torture prêts à briser tous les membres du corps ? Fais disparaître toutes ces choses qui nous engourdissent de terreur ! Fais taire les gémissements, les cris, les hurlements amers de la victime déchirée sur la claie ! Tu n'es rien de plus que la douleur endurée par le goutteux, le dyspeptique au milieu de ses délices, la femme sur le point d'accoucher. Tu es léger si je peux te supporter, éphémère si je ne le peux pas.»

Réfléchis à ces paroles que tu as souvent entendues et prononcées, et vois par le résultat si elles sont vraies. Car il y a un reproche très honteux qui est souvent fait à notre école : nous nous occupons des mots et non des faits de la philosophie.

Ne savais-tu pas que la mort, l'exil et la douleur planent sur ta tête ? Tu es né pour ces dangers. Considérons tout ce qui peut arriver comme quelque chose qui arrivera. Je sais que tu as vraiment fait ce que je te conseille ; maintenant je te conseille de ne pas noyer ton âme dans ces petites inquiétudes ; si tu le fais, elle s'émoussera et n'aura plus beaucoup de vigueur quand le moment sera venu de se lever. Détache ton esprit de ton cas particulier et pense aux hommes en général. Nos petits corps sont mortels et fragiles ; la douleur peut leur venir d'autres sources que le mal ou la puissance du plus fort. Nos plaisirs mêmes deviennent des tourments : les festins provoquent des indigestions, l'ivresse émousse les nerfs, les habitudes sensuelles affectent les pieds, les mains et toutes les articulations du corps.

Je peux devenir pauvre ; alors, je serai un parmi d'autres. Je peux être exilé ; alors, je considérerai que je suis né dans le lieu où je serai envoyé. Je peux être enchaîné ; suis-je libre maintenant, prisonnier de ce corps auquel la nature m'a enchaîné ? Il est certain que je mourrai un jour ; alors je cesserai de courir le risque de la maladie, de l'emprisonnement, de la mort. Je ne suis pas assez fou pour rappeler ici les arguments sur lesquels Épicure[12] insiste et dire que les terreurs de l'enfer sont vaines : qu'Ixion ne tourne pas sur sa roue, que Sisyphe ne porte pas sa pierre en haut d'une côte, que les entrailles d'un homme ne peuvent pas être restaurées et dévorées chaque jour ; personne n'est assez puéril pour craindre le Cancer, les ténèbres, ou des fantômes dont le corps ne tient que par des os sans chair. La mort nous anéantit ou nous libère. Si elle nous libère, il reste le meilleur, une fois le fardeau enlevé ; si elle nous anéantit, il ne reste rien : le bon et le mauvais sont éliminés à parts égales.

Permets-moi de citer un de tes vers et de te suggérer que, lorsque tu l'as écrit, tu l'as fait non seulement pour les autres, mais aussi pour toi-même. Il est ignoble de dire une chose et d'en penser une autre ; et combien plus ignoble encore d'écrire une chose et d'en penser une autre ! Je me souviens qu'un jour tu as réfléchi à ce lieu commun bien connu selon lequel nous ne tombons pas brusquement sur la mort, mais que nous nous en approchons à petits pas. Nous mourons chaque jour parce que chaque jour un peu de notre vie

12 Usener. *Epicurea* (Frag. 341).

nous est enlevé ; même lorsque nous grandissons, notre vie diminue. Nous perdons la petite enfance, puis l'enfance et la jeunesse. En comptant même hier, tout le temps passé est du temps perdu ; le jour même que nous passons maintenant est divisé entre nous et la mort. De même que ce n'est pas la dernière goutte qui vide la klepsydre, mais toutes celles qui l'ont précédée, la dernière heure au cours de laquelle nous cessons d'exister n'apporte pas en elle-même la mort, mais ne fait qu'achever le processus. Nous arrivons à la mort à ce moment-là, mais nous étions déjà en route vers elle depuis le début. Décrivant cette situation dans ton style impressionnant habituel - mais jamais plus pointu que lorsque tu mets ton expression au service de la vérité - tu as dit : «Nous ne mourons pas qu'une seule fois ; la mort qui nous prend est la dernière de toutes.» Je préférerais que tu lises tes propres mots plutôt que ma lettre, car il te apparaîtra alors clairement que cette mort, que nous craignons tant, n'est pas la seule, mais seulement la dernière.

Je vois ce que tu cherches ; tu me demandes ce que j'ai inclus dans ma lettre, quelle phrase inspirante d'un maître à penser, quel précepte utile. Je vais donc t'envoyer quelque chose qui traite précisément du sujet dont nous avons discuté.

Épicure[13] réprimande à la fois ceux qui désirent la mort et ceux qui la fuient : «Il est absurde, dit-il, que vous couriez vers la mort parce que vous êtes fatigués de la vie, alors que c'est votre façon de vivre qui vous a fait courir vers la mort.» Et dans un autre passage, il dit : «Y a-t-il quelque chose de plus absurde que de désirer la mort, alors que vous avez vécu dans l'angoisse de la craindre ?»[14]. Et l'on peut ajouter une troisième affirmation

---

13 Usener. *Epicurea* (Frag. 496).

14 Usener. *Epicurea* (Frag. 498).

de la même teneur : «Les gens sont si irréfléchis, si fous, que certains d'entre eux désirent la mort par peur d'elle.»[15]

L'une ou l'autre de ces idées renforcera ton esprit pour supporter à la fois la mort et la vie. Car nous avons besoin d'être avertis et fortifiés dans les deux sens : ne pas trop aimer ni haïr la vie ; même lorsque la raison nous conseille d'y mettre fin, l'impulsion ne doit pas être adoptée sans réflexion ni précipitation.

L'homme courageux et sage ne doit pas fuir la vie avec précipitation : il doit en sortir. Et surtout, il doit éviter la faiblesse qui s'est emparée de tant de gens : le désir de mourir. En effet, de même qu'il existe une tendance irréfléchie de l'esprit vers d'autres choses, de même, mon cher Lucilius, il existe une tendance irréfléchie vers la mort, qui s'empare souvent des hommes les plus nobles et les plus fougueux, comme des plus lâches et des plus abjects. Les premiers méprisent la vie, les seconds la trouvent pénible.

D'autres désirent la mort parce qu'ils sont rassasiés de faire et de voir les mêmes choses, c'est-à-dire non pas par haine de la vie, mais parce qu'ils en ont assez. La philosophie elle-même nous pousse dans cette voie lorsque nous disons : «Combien de temps dois-je endurer les mêmes choses, dois-je continuer à veiller et à dormir, à mourir de faim et à me fatiguer, à trembler et à transpirer ? Il n'y a pas de fin à quoi que ce soit. Toutes les choses sont liées dans une sorte de cercle : elles s'enfuient et reviennent. La nuit succède au jour, le jour succède à la nuit. L'été se termine en automne, l'hiver se précipite après l'automne et l'hiver s'adoucit au printemps. Tout passe et revient. Je ne fais rien de nouveau, je ne vois rien de nouveau. Tôt ou tard, on en a assez.» Nombreux sont ceux qui pensent que vivre n'est pas pénible, mais superflu.

---

15 Usener. *Epicurea* (Frag. 497).

LETTRE 26
SUR LA VIEILLESSE ET LA MORT

Il n'y a pas si longtemps, je te disais que j'étais au bord de la vieillesse. Aujourd'hui, je crains de l'avoir laissée derrière moi. Il faudrait un autre mot pour décrire mon âge et surtout mon corps, car le mot *vieillesse* s'applique à un corps fatigué, mais pas à un corps épuisé. Je crains d'être parmi les épuisés, parmi ceux qui approchent déjà de la fin.

Pourtant, je me félicite - et je te prends à témoin - de croire que l'âge n'a pas fait de mal à mon âme, bien que je ressente ses effets sur mon corps. Seuls mes vices et les aides extérieures à ces vices ont vieilli ; mon âme est forte et heureuse de n'avoir qu'un faible rapport avec eux. Elle s'est débarrassée d'une grande partie de son fardeau, elle est alerte, elle discute avec moi de la vieillesse et elle déclare que c'est son stade de splendeur. Décidons de la croire et laissons-la jouir de son bonheur. Elle me demande de réfléchir un peu et de considérer quelle part de cette tranquillité d'esprit et de cette modération de caractère je dois à la sagesse et quelle part à mon âge ; elle me demande de distinguer soigneusement entre ce que je ne peux pas faire et ce que je ne veux pas faire.

Pourquoi me plaindrais-je d'avoir terminé tout ce qui avait un terme ? «Mais, dis-tu, il est pitoyable de se dégrader et de mourir, ou plutôt, si je puis m'exprimer littéralement, de se dissoudre, car nous ne sommes pas soudainement frappés et jetés à terre, mais nous nous usons peu à peu.»

Mais y a-t-il une meilleure fin à tout cela que de se dissoudre dans sa propre nature ? Non pas qu'il y ait quelque chose de pénible à quitter brusquement l'existence, mais il est plus doux de s'en retirer peu à peu. En tout cas, comme si l'épreuve était proche et que le jour arrivait qui devait se prononcer sur toutes les années de ma vie, je m'observe et je communie ainsi avec moi-même : «Tout ce que j'ai montré jusqu'à présent, en paroles ou en actes, ne compte pour rien, ce n'est que de l'insignifiance enveloppée dans un charlatanisme trompeur. Je laisse à la mort le soin de déterminer les progrès que j'ai accomplis. C'est pourquoi je n'ai pas le cœur à faiblir, mais je me prépare pour le jour où, laissant de côté tous les artifices de la scène et le rouge des acteurs, je jugerai si je n'ai fait que déclamer des sentiments courageux ou si je les ai vraiment ressentis, si toutes les menaces audacieuses que j'ai proférées contre la fortune n'ont été que des faux-semblants et des simulacres. Oublie l'opinion du monde : elle est toujours vacillante et hésitante. Mets de côté les études que tu as faites tout au long de ta vie : la mort prononcera ta sentence finale. Voilà ce que je veux dire : tes débats et tes discussions savantes, tes maximes tirées de l'enseignement des sages, tes conversations érudites, tout cela ne prouve en rien la véritable force de ton âme. Même l'homme le plus timide peut faire un discours audacieux. Ce que tu as fait dans le passé ne se manifestera qu'au moment où tu rendras ton dernier souffle. J'accepte les conditions et je ne recule pas devant la décision. C'est ce que je me dis à moi-même, mais je voudrais que tu penses que je te l'ai dit à toi aussi. Tu es plus jeune, mais qu'importe ? La mort ne compte pas les années. Tu ne sais pas non plus où elle t'attend, alors prépare-toi à la rencontrer n'importe où.

J'avais l'intention de m'arrêter, ma main se préparait déjà à la dernière phrase, mais je dois encore charger cette lettre de provisions pour le voyage. Suppose que je ne te dise pas d'où je compte emprunter la somme nécessaire ; tu sais de quelles caisses je dépends. Attends-moi un instant et je te paierai sur mon propre compte ; entre-temps, j'utiliserai le mot d'Épicure : «Pense à la mort»[16]. Le sens est clair : il est merveilleux d'apprendre à fond comment mourir. Tu peux considérer qu'il est superflu d'apprendre une chose qui ne peut être mise en pratique qu'une seule fois, mais c'est précisément la raison pour laquelle nous devons l'apprendre. Quand on ne peut jamais vérifier si l'on sait vraiment une chose, il faut toujours l'apprendre. «Pense à la mort.» En disant cela, il nous demande de penser à la liberté. Celui qui a appris à mourir a quitté l'esclavage ; il est au-dessus de toute puissance extérieure, ou en tout cas au-delà. Quelle peur peut-il éprouver devant le fouet et les barreaux ? Son chemin est tout tracé. Il n'y a qu'une seule chaîne qui nous lie à la vie : l'amour de la vie. Il ne faut pas rejeter ce sentiment, mais il faut le modérer pour que, lorsque la nécessité l'exige, nous soyons capables de faire immédiatement ce que nous serons un jour obligés de faire.

16 Usener. *Epicurea* (Frag. 205).

LETTRE 30
SUR LA SÉRÉNITÉ FACE À LA MORT

J'ai vu Aufidius Baso[17] , cet homme noble, à la santé brisée et luttant contre ses années, qui lui pèsent déjà si lourdement qu'il ne peut se tenir debout. La vieillesse s'est abattue sur lui avec tout son poids. Il a toujours eu un corps faible et souffrant ; pendant longtemps, il a réussi à le conserver - ou, pour mieux dire, à le réparer - mais soudain, il s'est effondré. Dans un bateau qui prend l'eau, on peut toujours colmater les premières fissures, mais il est impossible de faire quoi que ce soit si elles sont trop nombreuses à la fois ; de même, dans le corps d'un vieil homme, il y a une certaine limite à ce que l'on peut soutenir et étayer sa faiblesse, mais quand il en vient à ressembler à un bâtiment décrépit - quand toutes les pièces commencent à se désagréger, et que pendant que certaines sont réparées, d'autres s'écroulent - il n'y a pas d'autre choix que de tout laisser tomber et de chercher une issue.

---

17 Publius Aufidius Basus était un historien romain qui a écrit, entre autres, un récit des guerres romaines en Germanie.

Mais notre ami Baso a l'esprit actif. La philosophie nous accorde cette bénédiction : elle nous rend joyeux face à la mort elle-même, forts et courageux quel que soit l'état du corps. Un grand pilote peut naviguer même si ses voiles sont brisées ; si son navire est démantelé, il peut encore réparer ce qui reste de sa coque et garder le cap. C'est ce que fait notre ami Baso : il envisage sa propre fin avec un calme que tu considérerais comme de l'indifférence s'il envisageait ainsi la fin d'un autre.

C'est un grand exploit, Lucilius, qui demande une longue pratique : partir calmement lorsque l'heure inévitable arrive. D'autres types de mort contiennent un ingrédient d'espoir : une maladie prend fin, un incendie s'éteint, un glissement de terrain sauve ceux qu'il semblait devoir écraser, la mer ramène sur le rivage ceux qu'elle avait engloutis, le soldat retire son épée du cou de son ennemi. Mais ceux que la vieillesse conduit à la mort n'ont rien à espérer : elle n'accorde aucun sursis. Aucune fin, sans doute, n'est plus indolore, mais aucune n'est plus longue.

Il m'a semblé que notre ami Baso assistait à ses propres funérailles, qu'il préparait son propre corps pour l'enterrement, qu'il vivait presque comme s'il avait survécu à sa propre mort, qu'il supportait la douleur de son propre départ avec une sage résignation. Il tente de nous persuader que, si la mort comporte un élément d'inconfort ou de peur, c'est la faute du mourant et non de la mort elle-même. Il dit souvent : « Il est aussi insensé pour un homme de craindre ce qui ne lui arrivera pas que de craindre ce qu'il ne ressentira pas si cela arrive. Peut-on ressentir ce qui vient mettre fin à ce que nous ressentons ? »

Je sais que ces préceptes ont été dits et répétés bien des fois ; mais ni quand je les ai lus, ni quand je les ai entendus de la bouche de ceux qui étaient à bonne distance de la mort, ils n'ont eu autant d'effet sur moi que quand je les ai entendus de la bouche de ce vieillard qui est si près de la fin. Car je dois te dire ce que je pense : j'estime que l'on est le plus courageux au moment même de la mort que lorsqu'on s'en approche. La mort donne, même aux plus faibles, le courage de ne pas chercher à éviter l'inévitable. Ainsi le gladiateur qui, tout au long du combat, s'est montré pusillanime, a le courage d'offrir sa gorge nue à l'ennemi qui l'a vaincu. Mais lorsque la mort s'approche pas à pas, elle exige un courage tenace de l'âme, un courage que seuls les sages peuvent manifester.

C'est pourquoi j'ai écouté Baso avec le plus grand plaisir lorsqu'il a donné son avis sur la mort, et qu'il a montré quelle sorte de chose c'est lorsqu'on l'observe, pour ainsi dire, de plus près. Je suppose que tu donnerais plus d'autorité en la matière à celui qui est ressuscité des morts et qui t'a expliqué qu'il n'y a pas de mal dans la mort ; mais ceux qui l'ont côtoyée de très près, qui l'ont vue venir et qui se sont préparés à la recevoir, peuvent décrire mieux que quiconque l'angoisse de sa venue. Baso fait peut-être partie de ces hommes, et il ne veut pas nous tromper. Il dit qu'il est aussi insensé de craindre la mort que la vieillesse, car la mort suit la vieillesse comme la vieillesse suit la jeunesse. Celui qui ne veut pas mourir ne peut pas avoir voulu vivre, car la vie nous est accordée avec la réserve que nous allons mourir ; c'est à cela que mène notre chemin. C'est pourquoi, puisque seul l'incertain fait peur, il est insensé de craindre ce qui est certain d'arriver ! La mort est inévitable et elle nous rattrape tous ; qui peut se plaindre d'une loi qui n'exempte personne ? L'égalité est l'élément principal de la justice.

Il est superflu de plaider ici la cause de la nature, car elle veut que nos lois soient identiques aux siennes : tout ce qu'elle fait, elle le défait et le refait. D'ailleurs, si quelqu'un a la chance d'être arraché à la vie par la vieillesse, non pas brusquement, mais peu à peu, il doit bien remercier les dieux, tous et chacun, de lui avoir accordé un repos après tant de labeurs. Tu vois que certains souhaitent la mort avec plus d'ardeur que celle avec laquelle on implore habituellement la vie. Je ne sais pas qui a le plus de courage, de ceux qui demandent la mort ou de ceux qui l'affrontent joyeusement et calmement, car la première attitude est parfois inspirée par la folie et la colère soudaine, tandis que la seconde est le fruit du calme résultant d'une décision ferme. Certains vont au-devant de la mort dans un accès de colère ; mais quand la mort vient au-devant d'eux, personne ne l'accueille gaiement que ceux qui se sont longuement préparés à la recevoir.

Je reconnais donc que j'ai rendu visite à ce cher ami plus souvent et sous de nombreux prétextes, mais dans le but de savoir si je le trouverais toujours le même ou si sa force spirituelle diminuerait à cause de la faiblesse de son corps. Mais, loin de diminuer, elle augmentait, comme la joie de l'aurige lorsqu'il est au septième tour de la course et qu'il s'approche du prix. En effet, il disait souvent, selon le conseil d'Épicure : «J'espère d'abord qu'il n'y aura pas de douleur au moment où le dernier souffle sera expiré ; mais s'il y en a, on trouvera un élément de consolation dans sa brièveté même, car aucune grande douleur ne dure longtemps. Et de toute façon, au moment où l'âme et le corps se séparent, même si ce processus s'accompagne d'une douleur insupportable, on sera soulagé par la pensée qu'après cette douleur, on ne pourra plus rien ressentir. Cependant, je suis sûr que l'âme d'un vieil homme est au bord de ses lèvres, de sorte qu'il suffit d'un peu de force pour la détacher du corps. Il faut beaucoup d'eau pour éteindre un feu qui s'est emparé d'une substance qui l'entretient, mais le feu qui manque de combustible s'éteint de lui-même»[18].

Je suis heureux d'entendre de telles paroles, mon cher Lucilius, non pas comme quelque chose de nouveau pour moi, mais comme quelque chose qui me met en présence d'un fait réel. Et puis, n'ai-je pas vu beaucoup d'hommes rompre le fil de la vie ? J'en ai vu, en effet, mais ceux qui s'approchent de la mort sans haine de la vie, ceux qui la reçoivent sans l'avoir réclamée, ont plus de poids pour moi. Et Baso de poursuivre : «C'est par notre faute que nous ressentons cette torture, car nous ne tremblons que lorsque nous croyons notre fin proche. Mais qui n'est pas proche de la mort ? Elle nous attend partout et à tout moment. Considérons combien sont plus proches d'autres formes de mort que nous ne craignons pas.» En effet, si un ennemi nous menaçait de mort, nous aurions très peur de perdre la vie, mais nous pourrions mourir le jour même - ou n'importe quel autre jour - d'une indigestion. Et si nous sommes prêts à examiner d'un œil critique les différentes causes de notre peur, nous constaterons que certaines d'entre elles existent et que d'autres n'existent qu'en apparence. Nous ne craignons pas la mort : nous craignons l'idée de la mort. Elle est toujours à la même distance de nous ; donc, si elle est à craindre, elle est toujours à craindre. Car quelle période de notre vie en est exempte ? Mais ce que j'ai vraiment à craindre, c'est que tu détestes cette longue lettre plus que la mort elle-même, alors je m'arrête. N'oublie pas : pour ne pas craindre la mort, il faut toujours y penser.

18 Usener. *Epicurea* (Frag. 503).

LETTRE 49
SUR LA BRIÈVETÉ DE LA VIE

Un homme est en effet paresseux et négligent, mon cher Lucilius, s'il ne se souvient d'un ami qu'en voyant un paysage qui réveille sa mémoire ; mais il arrive que de vieux lieux familiers réveillent un sentiment de perte emmagasiné dans l'âme, non pas en faisant resurgir des souvenirs morts, mais en les sortant de leur état de dormance, tout comme la vue de l'esclave préféré d'un ami perdu, ou de son manteau, ou de sa maison, renouvelle le chagrin de l'endeuillé, bien qu'il ait pu être adouci par le temps.

Maintenant, voici que la Campanie et surtout Naples et votre bien-aimée Pompéi[19] m'ont frappé, lorsque je les ai vues, d'un merveilleux et frais sentiment de nostalgie à ton égard. Tu es devant mes yeux. Je suis sur le point de me séparer de toi. Je te vois étouffer tes larmes et résister sans succès aux émotions qui surgissent au moment même où tu essaies de les retenir. Il me semble que je t'ai perdue il y a un instant. Car qu'est-ce qui n'est pas «il y a un instant» quand on

19 Lieu de naissance de Lucilius.

commence à utiliser le souvenir ? Il n'y a qu'un instant que je me suis assis, quand j'étais enfant, à l'école du philosophe Socion ; mais il y a un instant que j'ai commencé à plaider dans les tribunaux, et il y a un instant que j'ai perdu le désir de plaider, et il y a un instant que j'en ai perdu l'habileté. La fuite du temps est infiniment rapide, comme le voient très bien ceux qui regardent en arrière. En effet, lorsque nous sommes concentrés sur le présent, nous ne le remarquons pas, tant le passage du temps dans son vol vertigineux est fluide. Tu en demandes la raison ? Tout le temps passé se trouve au même endroit ; tout nous semble identique, tout est couché ensemble. Tout glisse dans le même abîme. En outre, un événement qui, dans sa totalité, est de courte durée, ne peut contenir de longs intervalles. Le temps que nous passons dans la vie n'est pas plus qu'un point, et même moins qu'un point. Mais ce point de temps, si infinitésimal qu'il soit, la nature s'en est moquée en lui donnant l'apparence d'une durée plus longue ; elle en a pris une portion qu'elle a transformée en petite enfance, une autre en enfance, une autre en jeunesse, une autre en pente graduelle, pour ainsi dire, de la jeunesse à la vieillesse, et la vieillesse elle-même en est encore une autre. Que de marches pour une si courte ascension ! Il n'y a qu'un instant que je t'ai vu partir ; et pourtant cet «instant» constitue une bonne partie de notre existence, qui est si brève ; nous devons penser qu'elle prendra bientôt fin tout à fait. En d'autres années, il ne me semblait pas que le temps passait si vite ; maintenant, il me semble qu'il va plus vite qu'il ne paraît, peut-être parce que je sens que la ligne d'arrivée se rapproche de moi, ou peut-être parce que j'ai commencé à faire attention et à calculer mes pertes.

C'est pourquoi je suis si fâché que certains hommes réclament la plus grande partie de ce temps pour des choses superflues ; un temps qui, quel que soit le soin qu'on y apporte, ne peut suffire même pour les choses nécessaires. Cicéron déclarait que si le nombre de ses jours était doublé, il n'aurait pas le temps de lire les poètes lyriques. On peut ranger les dialecticiens dans la même classe ; mais ce sont des imbéciles d'une manière plus mélancolique. Les poètes lyriques sont ouvertement frivoles, mais les dialecticiens croient qu'ils s'occupent eux-mêmes de choses sérieuses. Je ne nie pas qu'un coup d'œil sur la dialectique soit nécessaire ; mais ce doit être un simple coup d'œil, une sorte de salut du seuil, simplement pour ne pas être trompé ou juger que ces activités contiennent des matières cachées de grande valeur.

Pourquoi te tourmenter et perdre du poids pour un problème qu'il est plus sage de mépriser que de résoudre ? Lorsqu'un soldat n'est pas inquiété et qu'il voyage à son aise, il peut chasser des bagatelles le long de son chemin ; mais lorsque l'ennemi s'approche de l'arrière et que l'ordre est donné d'accélérer le pas, la nécessité le pousse à se débarrasser de tout ce qu'il a recueilli en temps de paix et de loisir. Je n'ai pas le temps d'étudier les inflexions controversées des mots, ni d'essayer de m'en servir avec astuce.

«Voici les clans qui se rassemblent, les portes qui se ferment rapidement et les armes prêtes pour la guerre.»[20]

Il me faut un cœur solide pour écouter sans me décourager le vacarme des batailles qui retentissent tout autour de moi. Et tous me trouveraient fou, à juste titre, si, alors que les barbes grises et les femmes amoncellent des rochers pour les fortifications, que les jeunes en armure attendent, voire réclament, l'ordre d'un raid, que les lances de l'ennemi tremblent à nos portes et que le sol même tremble sous l'effet des mines

20 Virgile, *Enéide*. VIII. 385.

et des passages souterrains, je restais assis à réfléchir à des choses aussi insignifiantes que celle-ci : «Ce que tu n'as pas perdu, tu l'as perdu. Mais tu n'as pas perdu de cornes. Tu as donc des cornes» ; ou d'autres astuces construites sur le modèle de ce morceau de pure absurdité. Cependant, je ne paraîtrais pas moins fou à tes yeux si je consacre mon énergie à ce genre de choses, car même maintenant, je suis en état de siège. Dans le premier cas, il s'agissait simplement d'un danger extérieur qui me menaçait et d'un mur qui me séparait de l'ennemi ; comme maintenant, les dangers de mort sont en ma propre présence. Je n'ai pas le temps de m'attarder sur de telles absurdités ; j'ai une grande tâche à accomplir. Que dois-je faire ? La mort est sur mon chemin et la vie s'éloigne ; apprends-moi à faire face à ces difficultés. Fais que je ne cherche plus à échapper à la mort et que la vie ne m'échappe plus. Donne-moi le courage d'affronter les difficultés, rends-moi calme face à l'inévitable. Détends les limites étroites du temps qui m'est imparti. Apprends-moi que le bien de la vie ne dépend pas de sa durée, mais de l'usage que l'on en fait ; apprends-moi aussi qu'il est possible, ou plutôt habituel, qu'un homme qui a trop vécu ait aussi trop peu vécu. Dis-moi, quand je m'endors : «Tu ne pourras plus te réveiller !» Et quand je me suis réveillé : «Tu ne peux pas te rendormir !» Dis-moi, quand je sors de chez moi : «Tu ne peux pas revenir en arrière !» Et quand je reviens : «Tu ne peux plus sortir.» Tu te trompes si tu penses qu'il n'y a qu'au cours d'un voyage en mer qu'il y a un très petit écart entre la vie et la mort. Non, la distance entre les deux est aussi étroite partout. Ce n'est pas partout que la mort est si proche, mais partout qu'elle est aussi proche.

Délivre-moi de ces sombres terreurs ; alors tu me donneras plus facilement l'instruction à laquelle je me suis préparé.

En naissant, la nature nous a rendus éducables, elle nous a donné la raison, non pas parfaite, mais perfectible. Discute avec moi de la justice, du devoir, de l'économie, et de cette double pureté, celle qui s'abstient de la personne d'autrui, et celle qui s'occupe de soi-même. Si seulement tu refuses de me conduire par des chemins de traverse, j'atteindrai plus facilement le but auquel j'aspire. Car, comme le dit le poète tragique[21] :

«Le langage de la vérité est simple.»

C'est pourquoi nous ne devons pas rendre ce langage compliqué, car il n'y a rien de moins approprié à l'âme d'un grand effort qu'une telle ruse.

21 Il se réfère à Euripide.

LETTRE 54
SUR L'ASTHME ET LA MORT

Ma mauvaise santé m'avait permis une longue absence, quand soudain la crise a repris. «Quel genre de maladie, me diras-tu ? Tu as sans doute raison de le demander, car il est vrai qu'aucune sorte ne m'est inconnue. Mais j'ai été affligé, pour ainsi dire, d'une maladie particulière. Je ne sais pas pourquoi je devrais l'appeler par son nom grec[22] , car elle est bien décrite comme un «essoufflement.» Sa crise est de très courte durée, comme celle d'un grain en mer ; elle se termine généralement en une heure. Qui pourrait respirer longtemps ? J'ai traversé tous les maux et tous les dangers de la chair, mais rien ne me semble plus gênant que cela. Et naturellement, car toute autre chose peut être qualifiée de maladie, mais il s'agit d'une sorte de «dernier souffle» continu. C'est pourquoi les médecins appellent cela «s'entraîner à mourir.» Car un jour, le souffle réussira à faire ce qu'il a si souvent répété. Crois-tu que j'écrive cette lettre dans un esprit joyeux, simplement parce que je me suis échappé ? Il serait absurde

22 L'asthme.

de se réjouir de ce prétendu retour à la santé, comme il serait absurde pour un accusé d'imaginer qu'il a gagné son procès lorsqu'il a réussi à le repousser. Pourtant, au milieu de ma respiration difficile, je n'ai pas cessé de me reposer sur des pensées joyeuses et courageuses.

«Qu'est-ce que c'est ? me dis-je, la mort me met-elle si souvent à l'épreuve ? Qu'elle le fasse, j'ai moi-même testé la mort pendant longtemps.»

«Quand ? demandes-tu. Avant ma naissance. La mort est la non-existence, et je sais ce que cela signifie. Ce qui était avant moi se reproduira après moi. S'il y a de la souffrance dans cet état, il doit y en avoir eu aussi dans le passé, avant que nous n'entrions dans la lumière du jour. Cependant, nous ne ressentions alors aucun malaise. Et je te le demande, ne dirais-tu pas que l'on est le plus grand des imbéciles si l'on croit qu'une lampe est plus mal en point lorsqu'elle est éteinte qu'avant d'être allumée ? Nous aussi, mortels, nous allons et venons ; la période de souffrance vient entre les deux, mais de part et d'autre, il y a une paix profonde. Car, à moins que je ne me trompe beaucoup, mon cher Lucilius, nous nous trompons nous-mêmes en pensant que la mort ne fait que nous suivre, alors qu'en réalité elle nous a précédés et nous suivra à son tour. Ce qui existait avant notre naissance, c'est la mort. Qu'importe en effet qu'elle ne commence pas ou qu'elle s'en aille, puisque le résultat de ces deux états est la non-existence ?

Je n'ai jamais manqué de m'encourager avec des conseils encourageants de ce genre - en silence, bien sûr, car je n'avais pas la parole ; puis, peu à peu, cet essoufflement, déjà réduit à une sorte de halètement, s'est fait plus espacé, puis s'est ralenti et enfin s'est arrêté. Même en ce moment, bien que le halètement ait cessé, la respiration ne va et ne vient pas normalement ; je ressens encore une sorte d'hésitation et de retard dans la respiration. Qu'il en soit ainsi, tant qu'il n'y a pas de soupir de l'âme. Accepte cette assurance de ma part : je n'aurai jamais peur quand viendra la dernière heure ; je suis déjà prêt et je ne prévois pas un jour entier à l'avance. Mais loue et imite l'homme qui ne craint pas de mourir, bien qu'il se réjouisse de vivre. Car quelle vertu y a-t-il à s'en aller quand on est chassé ? Et pourtant, il y a une vertu en cela : je suis certes chassé, mais c'est comme si je partais de mon plein gré. C'est pourquoi le sage ne peut jamais être expulsé, car cela signifierait qu'il quitte un endroit qu'il ne veut pas quitter ; et le sage ne fait rien sans le vouloir. Il échappe à la nécessité, parce qu'il veut faire ce que la nécessité l'oblige à faire.

LETTRE 61
SUR LA RENCONTRE JOYEUSE AVEC LA MORT

Cessons de désirer ce que nous avons désiré. C'est du moins ce que je fais : dans ma vieillesse, j'ai cessé de désirer ce que je désirais quand j'étais enfant. C'est à cette seule fin que je consacre mes jours et mes nuits ; c'est ma tâche, c'est l'objet de mes pensées : mettre fin à mes maux chroniques. Je m'efforce de vivre chaque jour comme s'il s'agissait d'une vie complète. En réalité, je ne le prends pas comme si c'était le dernier, mais je le considère comme s'il pouvait être le dernier. C'est dans cet esprit que je t'écris cette lettre, comme si la mort était sur le point de m'appeler au moment même où je l'écris. Je suis prêt à partir, et je ne profiterai de la vie que parce que je ne suis pas trop inquiet de la date future de mon départ.

Avant de vieillir, j'essayais de bien vivre ; maintenant que je suis vieux, j'essaierai de bien mourir ; mais bien mourir, c'est mourir avec joie. Veille à ne jamais rien faire sans le vouloir. Ce qui est destiné à être une nécessité si tu te rebelles, n'est pas une nécessité si tu le veux. Voici ce que je veux dire : celui qui obéit volontairement à ses ordres se débarrasse de la partie la plus amère de l'esclavage, celle qui consiste à faire ce que l'on ne veut pas faire. L'homme qui fait quelque chose sous les ordres n'est pas malheureux ; celui qui fait quelque chose contre sa volonté est malheureux. Mettons donc notre esprit en état de désirer ce que les circonstances exigent de nous, et surtout de penser malheureusement à notre fin. Il faut se préparer à la mort avant de se préparer à la vie. La vie est suffisamment pourvue, mais nous sommes trop avides de ce qu'elle nous fournit ; il nous semble, et il nous semblera toujours, qu'il manque quelque chose. Avoir vécu assez longtemps ne dépend ni de nos années, ni de nos jours, mais de notre esprit. J'ai vécu, mon cher ami Lucilius, assez longtemps. J'en ai assez, j'attends la mort.

LETTRE 63
SUR LE DEUIL DES AMIS PERDUS

Je suis désolé d'apprendre la mort de ton ami Flaco, mais je ne veux pas que tu t'affliges plus que tu ne le devrais. J'ose à peine insister pour que tu ne t'affliges pas, et je sais que c'est mieux ainsi. Mais quel homme aura jamais la chance d'avoir cette constance idéale de l'âme, à moins qu'il ne se soit déjà élevé bien au-dessus de la fortune ? Même un tel homme sera piqué par un tel événement, mais ce ne sera qu'une piqûre. On peut cependant nous pardonner de fondre en larmes, si seulement nos larmes n'ont pas coulé trop abondamment et si nous les avons retenues par nos propres efforts. Ne laissons pas nos yeux s'assécher lorsque nous avons perdu un ami, et ne les laissons pas déborder. Nous pouvons pleurer, mais nous ne devons pas nous lamenter.

Penses-tu que la loi que je t'impose soit sévère, alors que le plus grand des poètes grecs a étendu le privilège des pleurs à un seul jour, dans les vers où il nous dit que même Niobé a pensé à la nourriture ?[23] Veux-tu savoir la raison des

23 Il se réfère à Homère dans l'*Iliade*. XIX, 229 et XXIV, 60.

lamentations et des pleurs excessifs ? C'est que nous cherchons dans nos larmes la preuve de notre deuil et que nous ne nous abandonnons pas au chagrin, mais que nous en faisons étalage. Personne ne se lamente pour lui-même - quelle honte pour notre folie intempestive ! Il y a un élément de recherche de soi-même dans notre chagrin.

«Quoi, dis-tu, vais-je oublier mon ami ?» C'est certainement un souvenir éphémère que tu lui accordes, s'il ne doit durer que le temps de ton chagrin ; bientôt ton front s'adoucira en riant par quelque circonstance, même fortuite. C'est pour un temps qui n'est pas plus éloigné que je reporte le soulagement de toutes les peines, l'apaisement des chagrins les plus amers. Dès que tu cesseras de t'observer, l'image du chagrin que tu as contemplé s'estompera ; en ce moment, tu observes ta propre souffrance. Mais alors même que tu t'observes, elle t'échappe, et plus elle est aiguë, plus elle s'achève rapidement.

Faisons en sorte que le souvenir de ceux que nous avons perdus devienne pour nous un souvenir agréable. Nul ne revient avec plaisir sur un sujet sur lequel il ne peut réfléchir sans douleur. De même, il est impossible que les noms de ceux que nous avons aimés et perdus ne nous reviennent pas avec une sorte d'aiguillon ; mais il y a un plaisir même dans cet aiguillon. Car, comme l'a dit mon ami Attale : «Le souvenir des amis perdus est agréable, comme certains fruits ont une saveur douce et acide, ou comme les vins très vieux, dont l'amertume nous plaît. En effet, après un certain laps de temps, toute pensée qui donnait de la peine s'éteint, et le plaisir nous vient sans palliation.» Si nous prenons Attale au mot, «penser à des amis bien vivants, c'est comme savourer un repas de gâteaux et de miel ; le souvenir d'amis disparus procure un plaisir qui n'est pas sans une pointe d'amertume.

Mais qui niera que même ces choses, qui sont amères et contiennent un élément d'aigreur, servent à exciter l'estomac ?» Pour ma part, je ne suis pas d'accord avec lui. Pour moi, la pensée de mes amis morts est douce et attirante. Car je les ai eus comme si je les perdais un jour ; je les ai perdus comme si je les avais encore.

Lucilius, agis donc comme il convient à ta sérénité d'esprit, et cesse de donner une mauvaise interprétation aux dons de la fortune. La fortune a pris, mais la fortune a donné. Jouissons avec avidité de nos amis, car nous ne savons pas combien de temps nous aurons ce privilège. Pensons au nombre de fois où nous les quitterons pour entreprendre des voyages lointains, et au nombre de fois où nous ne les verrons pas lorsque nous resterons ensemble au même endroit ; alors nous nous rendrons compte que nous avons perdu une trop grande partie de leur vie. Mais toléreras-tu des hommes qui ne se soucient pas de leurs amis, qui les pleurent ensuite de la manière la plus abjecte, et qui n'aiment personne sans l'avoir perdu ? La raison pour laquelle ils pleurent de manière trop débridée dans ces moments-là est qu'ils craignent que les hommes doutent qu'ils aient vraiment aimé ; ils cherchent trop tard des preuves de leurs émotions. Si nous avons d'autres amis, nous méritons certainement de leur part du mal et nous pensons mal d'eux, s'ils sont si peu importants qu'ils ne nous consolent pas de la perte de l'un d'eux. Si, au contraire, nous n'avons pas d'autres amis, nous nous sommes fait plus de tort à nous-mêmes qu'à la fortune ; car la fortune nous a privé d'un ami, mais nous nous sommes privés de tous les amis que nous n'avons pas su nous faire. D'ailleurs, celui qui n'a pu en aimer plus d'un, n'a pas eu beaucoup d'amour même pour celui-là. Si un homme qui a perdu sa seule tunique à la suite d'un vol préfère se lamenter sur son sort plutôt que de chercher autour de lui un moyen d'échapper au froid ou de se couvrir les épaules, ne le considéreras-tu pas comme un parfait imbécile ?

Tu as enterré quelqu'un que tu aimais, trouve quelqu'un à aimer. Il vaut mieux remplacer son ami que de le pleurer. Ce que je vais ajouter est, je le sais, une remarque banale, mais je ne l'omettrai pas simplement parce qu'il s'agit d'une expression courante : un homme met fin à son chagrin par le simple passage du temps, même s'il ne l'a pas fait de son plein gré. Mais le remède le plus honteux au chagrin, pour un homme sensé, c'est de se lasser de pleurer. Je préférerais que tu renonces au chagrin, plutôt que le chagrin te renonce ; et tu devrais renoncer au chagrin le plus tôt possible, car, quel que soit ton désir, il est impossible de le garder longtemps. Nos ancêtres ont promulgué que, dans le cas des femmes, un an devrait être la limite du deuil ; non pas qu'elles doivent pleurer si longtemps, mais qu'elles ne doivent pas pleurer plus longtemps. Dans le cas des hommes, aucune règle n'est fixée, parce qu'il n'est pas considéré comme honorable de porter le deuil. Par conséquent, quelle femme peux-tu me montrer, parmi toutes les femmes pathétiques qui pourraient à peine être tirées de la pile funéraire ou arrachées au cadavre, dont les larmes ont duré un mois entier ? Rien ne devient offensant aussi vite que le chagrin ; quand il est frais, il trouve quelqu'un pour le consoler, et attire l'un ou l'autre à lui ; mais alors il devient chronique, on le tourne en ridicule, et à juste titre. Car il est assumé ou il est absurde.

Celui qui t'écrit ces mots n'est autre que moi, qui ai pleuré avec tant d'excès mon cher ami Anneo Serenus, si bien que, malgré moi, je dois me ranger parmi les exemples d'hommes qui ont été accablés par le chagrin. Aujourd'hui, cependant, je condamne cet acte et je me rends compte que si j'ai tant pleuré, c'est surtout parce que je n'avais jamais imaginé que sa mort puisse précéder la mienne. La seule pensée qui m'est venue est qu'il était le plus jeune, et beaucoup plus jeune, comme si le destin respectait l'ordre de nos âges !

Pensons donc sans cesse à notre propre mortalité et à celle de tous ceux que nous aimons. Jadis, j'aurais dit : «Mon ami Serenus est plus jeune que moi ; mais qu'importe ? Bien sûr, il mourra après moi, mais il peut me précéder.» C'est justement parce que je ne l'ai pas fait que je n'étais pas prêt lorsque la fortune m'a frappé soudainement. Le moment est venu de réfléchir, non seulement au fait que toutes les choses sont mortelles, mais aussi que leur mortalité n'est soumise à aucune loi fixe. Tout ce qui peut arriver à tout moment peut arriver aujourd'hui. Réfléchissons donc, mon cher Lucilius, que nous atteindrons bientôt le but auquel cet ami, à notre grand regret, est parvenu. Et peut-être, si seulement le conte raconté par les sages est vrai, et qu'il existe un moyen de nous accueillir, alors celui que nous pensons avoir perdu n'a été qu'envoyé en avant.

LETTRE 70
SUR LE BON MOMENT POUR SE SUICIDER

Après une longue période, j'ai revu ta chère Pompéi. Je me suis ainsi retrouvée à l'époque de ma jeunesse. Les choses que j'y ai faites quand j'étais jeune m'ont semblé que je pouvais encore les faire et que je les avais faites il y a peu de temps. Nous avons traversé la vie passée, Lucilius, comme si nous étions en voyage et comme si nous étions en mer, pour citer notre poète Virgile :

«Les terres et les villes sont à la dérive[24].»

Pourtant, dans ce voyage où le temps passe à toute vitesse, nous mettons sous l'horizon d'abord notre enfance, puis notre jeunesse, puis l'espace entre la jeunesse et l'âge mûr et à la limite des deux, puis les plus belles années de la vieillesse elle-même. Enfin, nous commençons à entrevoir l'horizon général de la race humaine. Imbéciles que nous sommes, nous pensons que ce port est un récif dangereux ;

---

24 Virgile. *Enéide*. III. 7.

mais c'est le port où nous devons entrer un jour, où nous ne pouvons jamais refuser d'entrer ; et si un homme a atteint ce port dans ses jeunes années, il n'a pas plus le droit de se plaindre qu'un marin qui a fait un voyage rapide. Car certains marins, comme tu le sais, sont trompés et retenus par les vents faibles, et deviennent las et malades du calme lent, tandis que d'autres sont précipités à la maison par des vents stables.

Tu peux considérer qu'il en va de même pour nous : la vie a conduit certains hommes avec la plus grande rapidité au port, le port qu'ils étaient destinés à atteindre même s'ils s'attardaient en chemin, tandis que d'autres ont été troublés et harcelés par elle. Une telle vie, comme tu le sais, n'est pas toujours une chose à laquelle on peut s'accrocher. Car ce n'est pas le simple fait de vivre qui est un bien, mais le fait de bien vivre. C'est pourquoi l'homme sage vivra aussi longtemps qu'il le faut, et non pas aussi longtemps qu'il le peut. Il déterminera où, avec qui et comment il mènera son existence, et ce qu'il fera. Il réfléchit toujours à la qualité et non à la quantité de sa vie. Dès qu'il y a trop d'événements dans sa vie qui lui donnent du fil à retordre et perturbent sa tranquillité, il se libère. Et ce privilège lui revient, non seulement lorsque la crise est là, mais aussi dès que la fortune semble lui jouer un tour ; il examine alors attentivement s'il doit ou non mettre fin à sa vie pour cette raison. Il affirme qu'il lui importe peu que son licenciement soit naturel ou provoqué par lui-même, qu'il survienne plus tard ou plus tôt. Il ne le considère pas avec crainte, comme s'il s'agissait d'une grande perte, car nul ne peut perdre beaucoup quand il ne lui reste qu'une goutte d'eau. Il ne s'agit pas de mourir tôt ou tard, mais de mourir bien ou mal. Et bien mourir, c'est échapper au danger de mal vivre.

C'est pourquoi je considère les paroles du célèbre Rhodien[25] comme très inhumaines. Cette personne a été jetée dans une cage par son tyran et y a été nourrie comme un animal sauvage. Et lorsqu'un homme lui a conseillé de mettre fin à ses jours en jeûnant, il a répondu : «Un homme peut tout espérer tant qu'il a la vie.» C'est peut-être vrai, mais la vie ne s'achète à aucun prix. Si grandes ou si assurées que soient certaines récompenses, je ne les rechercherai pas au prix d'un honteux aveu de faiblesse ; dois-je me dire que la fortune a tout pouvoir sur celui qui vit, au lieu de me dire qu'elle n'a aucun pouvoir sur celui qui sait mourir ? Il arrive cependant qu'un homme, bien que sa mort soit certaine et qu'il sache que le supplice l'attend, s'abstienne de prêter la main à son propre châtiment ; lui-même, cependant, il y prêterait la main. C'est une folie de mourir de peur de mourir. Le bourreau est sur toi ; attends-le ; pourquoi l'anticiper ; pourquoi assumer la direction d'une tâche cruelle qui appartient à un autre ; renonces-tu au privilège de ton bourreau, ou le soulages-tu simplement de sa tâche ? Socrate aurait pu terminer sa vie en jeûnant, il aurait pu mourir de faim au lieu d'être empoisonné. Mais au lieu de cela, il a passé trente jours en prison à attendre la mort, non pas avec l'idée que «tout peut arriver» ou que «dans un si long intervalle il y a place pour beaucoup d'espoir», mais pour se montrer soumis aux lois et faire des derniers instants de Socrate une édification pour ses amis. Quoi de plus insensé que de mépriser la mort et de craindre le poison ?

Scribonia, une femme âgée et sévère, était la tante de Drusus Libon. Ce jeune homme était aussi stupide qu'il était bien né, avec des ambitions plus élevées que celles que

25 De Rhodes.

l'on pouvait attendre d'un homme de cette époque ou d'un homme comme lui à n'importe quelle époque. Lorsque Libon fut transporté malade de la maison du sénat dans sa litière, bien que certainement avec un groupe très réduit de partisans - car tous ses proches l'avaient abandonné sans exception, alors qu'il n'était plus un criminel mais un cadavre -, il commença à se demander s'il devait se suicider ou attendre la mort. Scribonia lui dit : «Quel plaisir trouves-tu à faire le travail d'un autre ?» Mais il ne suivit pas son conseil et se jeta violemment les mains sur la tête. Et il avait raison, après tout, car lorsqu'un homme est condamné à mourir dans deux ou trois jours selon le bon vouloir de son ennemi, il fait vraiment «le travail d'un autre» s'il continue à vivre.

Par conséquent, aucune déclaration générale ne peut être faite sur la question de savoir si, lorsqu'une puissance indépendante de notre volonté nous menace de mort, nous devons l'anticiper ou l'attendre. En effet, de nombreux arguments nous poussent dans un sens ou dans l'autre. Si une mort s'accompagne de tortures et que l'autre est simple et facile, pourquoi ne pas opter pour cette dernière ? De même que je choisis mon navire lorsque je m'apprête à partir en voyage ou ma maison lorsque j'ai l'intention d'y résider, de même je choisirai ma mort lorsque je m'apprête à quitter la vie. De plus, de même qu'une vie prolongée ne signifie pas nécessairement une vie meilleure, de même une mort prolongée signifie nécessairement une vie pire. Il n'y a pas d'occasion où l'âme devrait être plus humble qu'au moment de la mort. Que l'âme parte comme elle se sent poussée à le faire ; qu'elle cherche l'épée, le licou ou quelque courant qui attaque les veines, qu'elle aille de l'avant et qu'elle brise les liens de sa servitude. Tout homme doit rendre sa vie acceptable pour d'autres que lui, mais sa mort pour lui seul. La meilleure forme de mort est celle qui te plaît. Les hommes sont des imbéciles qui réfléchissent ainsi : «Une personne dira que ma conduite n'a pas été assez courageuse ; une autre, que j'ai été trop têtu ; une troisième, qu'une certaine forme de mort aurait dénoté plus d'esprit.» Ce à quoi tu devrais réfléchir, c'est : «J'ai un but qui n'a rien à voir avec les discours des hommes !» Ton seul but devrait être d'échapper le plus vite possible à la fortune ; sinon, il ne manquera pas de gens qui penseront du mal de ce que tu as fait.

Tu peux trouver des hommes qui, après avoir professé la sagesse, soutiennent que la violence ne doit pas être exercée contre sa propre vie et considèrent qu'il est maudit qu'un homme soit le moyen de sa propre destruction ; nous devons attendre, disent-ils, la fin décrétée par la nature. Mais celui qui dit cela ne voit pas qu'il ferme le chemin de la liberté. Ce que la loi éternelle a ordonné de mieux, c'est de nous laisser une entrée dans la vie, mais plusieurs sorties : dois-je attendre la cruauté de la maladie ou de l'homme, alors que je peux sortir au milieu des tortures et me débarrasser de mes maux ? C'est la seule raison pour laquelle nous ne pouvons pas nous plaindre de la vie : elle ne retient personne contre son gré. L'humanité est bien placée, car nul n'est malheureux que par sa propre faute. Vis, si tu le veux ; sinon, retourne d'où tu viens. On t'a souvent creusé pour soulager des maux de tête. On t'a tailladé les veines pour te faire maigrir. Si tu veux te percer le cœur, il n'est pas nécessaire d'avoir une plaie ouverte ; une lancette t'ouvrira la voie vers cette grande liberté et la tranquillité s'achète au prix d'une piqûre.

Qu'est-ce qui nous rend paresseux et lents ? Aucun d'entre nous ne pense qu'il devra un jour quitter cette maison qu'est la vie, tout comme les vieux locataires ne sont pas émus par l'attachement à un certain lieu et par l'habitude, même en dépit des mauvais traitements. Veux-tu te libérer de la contrainte de ton corps ? Vis-y comme si tu allais le quitter. Pense qu'un jour tu seras privé de cette occupation ; alors tu seras plus courageux face à la nécessité de partir. Mais comment l'homme peut-il penser à sa propre fin, s'il aspire à tout sans fin ? Il n'y a pourtant rien de si essentiel à considérer pour nous. Car notre formation à d'autres choses est peut-être superflue. Nos âmes ont été préparées à affronter la pauvreté ; mais nos richesses ont résisté. Nous avons été armés pour mépriser la douleur ; mais nous avons eu la chance de posséder un corps sain et vigoureux, de sorte que nous n'avons jamais été obligés de mettre cette vertu à l'épreuve. Nous avons appris à supporter courageusement la perte de ceux que nous aimons ; mais la fortune nous a préservé tous ceux que nous aimons. C'est sur ce point seulement que viendra le jour où nous devrons mettre notre formation à l'épreuve.

Il n'est pas nécessaire de penser que seuls les grands hommes ont eu la force de briser les liens de la servitude humaine ; il n'est pas nécessaire de croire que cela n'a pu être fait que par un Caton - qui a entraîné de sa main l'esprit qu'il n'avait pas réussi à libérer par l'épée. En effet, des hommes dont le sort était des plus misérables se sont échappés par une puissante impulsion vers la sécurité ; et lorsqu'il ne leur était pas permis de mourir à leur convenance, ou selon leur choix d'instruments de mort, ils ont saisi ce qui se trouvait à portée de main, et par la seule force, ils ont transformé des objets qui étaient par nature inoffensifs en armes à eux seuls. Par exemple, récemment, dans une école d'entraînement pour gladiateurs féroces, il y avait un homme germanique qui se préparait pour l'exhibition du matin ; il s'est retiré pour se soulager, la seule chose qu'il était autorisé à faire en secret et sans la présence d'un garde. Pendant qu'il était occupé, il prit le bâton de bois avec la pointe d'une éponge - qui était utilisée aux fins les plus viles - et l'enfonça, tel quel, dans sa gorge, obstruant ainsi sa trachée et étouffant le souffle de son corps. C'était une véritable insulte à la mort. Certes, ce n'était pas une façon très élégante ni très convenable de mourir, mais qu'y a-t-il de plus stupide que d'être trop gentil en mourant ? Quel courage ! Certes, il méritait qu'on lui laissât le choix de son destin ; comme il aurait eu le courage de manier l'épée ; comme il aurait eu le courage de se jeter dans les profondeurs de la mer ou du haut d'un précipice ! Mais, dépourvu de ressources de toutes parts, il a trouvé le moyen de se procurer la mort et une arme pour la donner. On comprend dès lors que seule la volonté doit retarder la mort. Que chacun juge comme il l'entend l'action de cet homme très jaloux, pourvu qu'on soit d'accord sur ce point : que la mort la plus atroce est préférable au plus bel esclavage.

Puisque j'ai commencé par une illustration tirée de la vie humble, je poursuivrai avec cette classe. Car les hommes seront plus exigeants envers eux-mêmes s'ils voient que la mort peut être méprisée même par la classe d'hommes la plus méprisée. Les Caton, les Scipion et d'autres dont nous avons l'habitude d'entendre les noms avec admiration, nous les considérons comme hors de la sphère de l'imitation ; mais je vais maintenant vous montrer que la vertu dont je parle se trouve aussi souvent dans l'école de formation des gladiateurs que parmi les chefs d'une guerre civile. Dernièrement, un gladiateur, envoyé à l'exposition du matin, était transporté dans un char avec les autres prisonniers[26] ; dodelinant comme s'il

26 Elle était souvent utilisée comme traitement de la folie ou du délire.

était accablé de sommeil, il laissa tomber sa tête de manière à ce qu'elle soit prise dans les rayons ; il retint alors son corps assez longtemps pour se rompre le cou par la révolution de la roue. Il échappa ainsi à la souffrance par le moyen même de l'attelage qui l'y avait amené.

Lorsqu'un homme veut entrer par effraction et sortir, rien ne lui résiste. C'est un espace ouvert dans lequel la nature nous protège. Lorsque notre situation le permet, nous pouvons chercher autour de nous une issue facile. Si l'on a sous la main de nombreuses possibilités de se libérer, on peut faire un choix et réfléchir à la meilleure façon d'obtenir la liberté ; mais si une possibilité est difficile à trouver, au lieu de la meilleure, on prend la suivante, même s'il s'agit de quelque chose d'inouï, de nouveau. Si tu ne manques pas de courage, tu ne manqueras pas de ruse pour mourir. Vois comment l'esclave le plus bas, poussé par la souffrance, s'éveille et trouve le moyen de tromper les gardiens les plus vigilants. Il est vraiment grand celui qui non seulement s'est donné l'ordre de mourir, mais qui en a trouvé le moyen.

Mais je t'ai promis d'autres illustrations tirées des mêmes jeux. Au cours de la deuxième épreuve d'un simulacre de combat naval, l'un des barbares s'enfonça dans la gorge la lance qu'on lui avait donnée pour qu'il s'en serve contre son ennemi. «Pourquoi n'ai-je pas échappé plus tôt à toutes ces tortures et à toutes ces moqueries ? Pourquoi devrais-je être armé et attendre que la mort vienne ? Cette exposition est d'autant plus frappante que les hommes en tirent une leçon : mourir est plus honorable que tuer.

Si donc cet esprit est celui des hommes abandonnés et dangereux, n'est-il pas aussi celui de ceux qui, par une longue méditation et par la raison, maîtresse de toutes choses, se sont exercés à faire face à de telles éventualités ? C'est la raison qui nous enseigne que le destin a plusieurs voies d'approche, mais la même fin, et que le point de départ de l'événement inévitable est indifférent. La raison nous conseille aussi de mourir, si nous le pouvons, selon notre bon plaisir ; si nous ne le pouvons pas, elle nous conseille de mourir selon notre capacité, et de nous prévaloir de tous les moyens qu'on nous offrira pour nous faire violence. Il est criminel de «vivre en volant» ; mais, en revanche, il est très noble de «mourir en volant.»

LETTRE 76
SUR L'APPRENTISSAGE DE LA SAGESSE À UN ÂGE AVANCÉ

Tu m'as menacé de ton inimitié si je ne te tenais pas au courant de toutes mes activités quotidiennes. Pour que tu puisses voir maintenant sur quelles bases franches toi et moi vivons, je vais même confier à tes oreilles le fait suivant : j'écoute les conférences d'un philosophe ; je fréquente son école depuis quatre jours et j'entends ses paroles. J'écoute les conférences d'un philosophe, je fréquente son école depuis quatre jours, et j'entends la harangue qui commence à deux heures. «Quel bon moment de la vie pour cela !», diras-tu. Oui, très bien ! Qu'y a-t-il de plus stupide que de refuser d'apprendre, simplement parce qu'on n'a pas appris depuis longtemps ? Que veux-tu dire ? Dois-je suivre la mode dictée par les petits-maîtres et les jeunes ? Mais je suis d'accord si c'est la seule chose qui discrédite ma décadence. Les hommes de tous âges sont admis dans cette classe. Tu réponds : «Est-ce qu'on vieillit pour suivre les jeunes ? Mais si moi, vieil homme, je vais au théâtre, je me fais emmener aux courses, je ne laisse aucun duel dans l'arène s'achever sans ma présence, aurais-je honte d'assister à une conférence de philosophes ?

Il faut continuer à apprendre tant que l'on est ignorant, même jusqu'à la fin de sa vie, si l'on en croit le proverbe. Et le proverbe s'applique aussi bien au cas présent qu'à tout autre : «Tant que tu vivras, continue à apprendre à vivre.» Pour autant, il y a aussi quelque chose que je peux enseigner dans cette école. Tu demandes ce que je peux enseigner ? Que même un vieil homme doit continuer à apprendre. Mais j'ai honte de l'humanité, dès que j'entre dans l'amphithéâtre. En me rendant chez Metronacte, je suis obligé de passer, comme tu le sais, devant le Teatro Napolitano. L'édifice est bondé ; les hommes décident, avec un zèle extraordinaire, qui a le droit d'être appelé un bon joueur de cornemuse ; même le joueur de cornemuse grecque et le héraut attirent la foule. Mais dans l'autre lieu, où la question débattue est «Qu'est-ce qu'un homme de bien ?» et où la leçon que nous apprenons est «Comment être un homme de bien», très peu de gens sont présents, et la plupart pensent que même ces quelques personnes ne sont pas engagées dans une bonne affaire ; elles ont le nom d'oisifs à la tête vide. J'espère que je serai béni par ce genre de moquerie ; car il faut écouter avec un esprit imperturbable les reproches des ignorants ; quand on marche vers le but de l'honneur, il faut mépriser le mépris lui-même.

Fais donc vite, Lucilius, de peur que tu ne sois toi-même obligé d'apprendre dans ta vieillesse, comme c'est le cas pour moi. De plus, tu dois te hâter encore plus, car il y a si longtemps que tu n'as pas abordé le sujet, que tu ne pourras guère l'apprendre à fond quand tu seras vieux. «Jusqu'où dois-je aller», te demandes-tu ? Autant que tu en as l'intention. Pourquoi attendre ? La sagesse ne vient pas au hasard. L'argent viendra de lui-même, les titres te seront donnés, l'influence et l'autorité te seront peut-être imposées, mais la vertu ne te tombera pas dessus par hasard. La connaissance de la vertu ne s'acquiert pas non plus par un léger effort ou un petit travail ; mais le travail est utile quand on est sur le point d'acquérir tous les biens d'un seul coup. Car il n'y a qu'un seul bien, celui qui est honorable ; dans toutes les autres choses que l'opinion générale approuve, tu ne trouveras ni vérité ni certitude. Mais pourquoi il n'y a qu'un seul bien, à savoir celui qui est honorable, je vais te le dire maintenant, puisque tu juges que, dans ma précédente lettre, je n'ai pas poussé la discussion assez loin, et que tu penses que cette théorie t'a été recommandée plus que prouvée. Je vais aussi comprimer les remarques d'autres auteurs dans une marge étroite.

Chaque chose est valorisée pour elle-même. La vigne est appréciée pour sa productivité et le goût de son vin, le cerf pour sa rapidité. Quant aux bêtes de somme, on s'interroge sur la solidité de leur dos, puisque leur seule utilité est de porter des charges. Si un chien doit retrouver la trace d'une bête sauvage, l'acuité de son flair est primordiale ; s'il doit attraper sa proie, la rapidité de son pied ; s'il doit l'attaquer et la harceler, le courage. En toute chose, la qualité par laquelle la chose est créée et par laquelle elle est jugée doit être la meilleure. Et quelle est la meilleure qualité chez l'homme ? C'est la raison ; en vertu de la raison, il surpasse les animaux et n'est surpassé que par les dieux. La raison parfaite est donc le bien propre de l'homme ; toutes les autres qualités, il les partage dans une certaine mesure avec les animaux et les plantes. L'homme est fort, comme le lion. L'homme est beau, comme le paon. L'homme est rapide, comme le cheval. Je ne dis pas que l'homme est surpassé dans toutes ces qualités. Je ne cherche pas ce qu'il y a de plus grand en lui, mais ce qui lui est propre. L'homme a un corps ; l'arbre aussi. L'homme a le pouvoir d'agir et de se mouvoir à volonté ; les bêtes et les vers aussi. L'homme a une voix ; mais combien plus forte est la voix du chien, combien plus aiguë celle de l'aigle, combien plus profonde celle du taureau, combien plus douce et plus mélodieuse celle du rossignol ! Qu'est-ce donc qui est propre à l'homme ? La raison. Lorsqu'elle est juste et qu'elle a atteint la perfection, le bonheur de l'homme est complet. Par conséquent, si toute chose est digne d'éloge et a atteint la fin prévue par sa nature, lorsqu'elle a porté à la perfection son bien propre, et si le bien propre de l'homme est la raison, alors, si un homme a porté sa raison à la perfection, il est digne d'éloge et a atteint la fin qui convient à sa nature. Cette raison parfaite est appelée vertu[27] , et c'est aussi ce qui est honorable.

C'est donc seulement dans l'homme qu'il y a un bien qui n'appartient qu'à l'homme. Car nous ne cherchons pas maintenant à découvrir ce qu'est un bien, mais quel est le bien qui appartient à l'homme. Et s'il n'y a pas d'autre attribut propre à l'homme que la raison, alors la raison sera son seul bien propre, mais un bien qui vaudra tous les autres réunis. Si un homme est mauvais, je suppose qu'il sera considéré avec désapprobation ; s'il est bon, je suppose qu'il sera considéré avec approbation. Par conséquent, l'attribut d'un homme par lequel il est approuvé ou désapprouvé est son principal et unique bien. Tu ne doutes pas que ce soit un bien ; tu doutes seulement que ce soit le seul bien. Si un homme possède tous les autres attributs, tels que la santé, la richesse, le pedigree ou une salle de réception bien remplie, mais qu'il s'avoue mauvais, tu le désapprouveras. De même, si un homme ne

27 L'un des fondements du stoïcisme que Sénèque insiste pour enseigner.

possède aucune des choses que j'ai mentionnées et manque d'argent, d'une escorte de clients ou d'un rang et d'une lignée de grands-parents et d'arrière-grands-parents, mais qu'il s'avoue bon, tu l'approuveras. C'est donc le seul bien propre à l'homme, et celui qui le possède doit être loué bien qu'il manque d'autres choses ; mais celui qui ne le possède pas, bien qu'il possède tout le reste en abondance, est condamné et rejeté.

Il en va des hommes comme des choses. On dit d'un navire qu'il est bon, non pas quand il est orné de couleurs coûteuses, ni quand sa proue est couverte d'argent ou d'or, ou sa figure de proue estampée d'ivoire, ni quand il est chargé des revenus impériaux ou des richesses des rois, mais quand il est ferme et tendu, avec des coutures qui empêchent l'eau de pénétrer, assez solide pour résister au choc des vagues, obéissant à son gouvernail, rapide et insouciant des vents. Tu diras d'une épée qu'elle est bonne, non pas lorsque sa ceinture est d'or ou que son fourreau est constellé de pierres précieuses, mais lorsque son tranchant est fin et que sa pointe transperce n'importe quelle armure. Prenons la règle du charpentier : nous ne demandons pas si elle est belle, mais si elle est droite. Chaque chose est louée par rapport à l'attribut qui est pris comme norme, par rapport à ce qui est sa qualité particulière.

Dans le cas de l'homme aussi, il n'est donc pas important de savoir combien d'hectares il laboure, combien d'argent il possède en intérêts, combien d'invités assistent à ses réceptions, à quel point le canapé sur lequel il s'allonge est cher, à quel point les verres dans lesquels il boit sont transparents, mais à quel point il est bon. Il est bon, cependant, si sa raison est bien ordonnée et adaptée à ce que sa nature a voulu. C'est ce qu'on appelle la vertu, c'est ce qu'on entend par honorable, c'est le seul bien de l'homme. En effet, puisque la raison seule conduit l'homme à la perfection, la raison seule, une fois perfectionnée, rend l'homme heureux. C'est d'ailleurs l'unique bien de l'homme, l'unique moyen par lequel il est rendu heureux. Nous disons, en effet, que ces choses sont aussi des biens qui sont favorisés et réunis par la vertu, c'est-à-dire toutes les œuvres de vertu ; mais la vertu elle-même est donc le seul bien, car il n'y a pas de bien sans vertu. Si tout bien est dans l'âme, tout ce qui fortifie, élève et agrandit l'âme est un bien ; or la vertu rend l'âme plus forte, plus haute et plus grande. En effet, toutes les autres choses qui excitent nos désirs dépriment l'âme et l'affaiblissent, et lorsque nous pensons qu'elles élèvent l'âme, elles ne font que l'enfler et la tromper par beaucoup de vide. Il n'y a donc de bon que ce qui rend l'âme meilleure.

Toutes les actions de la vie, prises dans leur ensemble, sont contrôlées par la considération de ce qui est honorable ou vil ; c'est par rapport à ces deux choses que notre raison est gouvernée pour faire ou ne pas faire une chose particulière. Je m'explique : l'homme de bien fera ce qu'il considère comme honorable, même si cela lui demande un effort ; il le fera même si cela lui cause un préjudice ; il le fera même si cela lui cause un danger ; en outre, il ne fera pas ce qui est vil, même si cela lui rapporte de l'argent, du plaisir ou du pouvoir. Rien ne le détournera de ce qui est honorable, et rien ne le poussera à la bassesse. Si donc il est résolu à suivre invariablement ce qui est honorable, à éviter invariablement la bassesse, et à garder ces deux choses présentes à l'esprit dans tous les actes de sa vie, ne considérant rien de plus bon que ce qui est honorable, et rien de plus mauvais que ce qui est vil, si la vertu seule ne s'est pas pervertie en lui, et garde d'elle-même son cours uniforme, alors la vertu est le seul bien de cet homme, et rien ne peut lui arriver par la suite qui puisse le rendre mauvais. Il a échappé à tout risque de changement ; la folie peut s'élever jusqu'à la sagesse, mais la sagesse ne recule jamais jusqu'à la folie.

Je t'ai dit, tu te souviens peut-être, que les choses généralement désirées et redoutées ont été piétinées par plus d'un homme dans des moments de passion soudaine. On a trouvé des hommes prêts à mettre leurs mains dans les flammes, des hommes dont le sourire ne pouvait être arrêté par le tortionnaire, des hommes qui n'ont pas versé une larme à l'enterrement de leurs enfants, des hommes qui ont affronté la mort sans broncher. C'est certainement l'amour, la colère, la luxure qui ont défié les dangers. Si un entêtement momentané peut accomplir tout cela lorsqu'il est excité par quelque aiguillon qui harcèle l'esprit, combien plus la vertu, qui n'agit pas impulsivement ou brusquement, mais uniformément et avec une force qui dure ! Il s'ensuit que les choses qui sont habituellement méprisées par les hommes animés d'une passion soudaine, et qui sont toujours méprisées par les sages, ne sont ni bonnes ni mauvaises. La vertu elle-même est donc le seul bien ; elle marche fièrement entre les deux extrêmes de la fortune, au grand mépris de l'un et de l'autre.

Cependant, si tu acceptes l'idée qu'il y a quelque chose de bon en dehors de ce qui est honorable, toutes les vertus en souffriront. En effet, il ne sera jamais possible d'acquérir et de conserver une vertu s'il existe quelque chose d'extérieur que la vertu doit prendre en compte. Si une telle chose existe, elle est en contradiction avec la raison, d'où découlent les vertus, et aussi avec la vérité, qui ne peut exister sans la raison. Or, toute opinion contraire à la vérité est fausse.

Un homme de bien, tu l'admettras, doit avoir le sens le plus élevé du devoir envers les dieux. C'est pourquoi il supportera avec un esprit serein tout ce qui lui arrive, car il saura que c'est le résultat de la loi divine qui régit toute la création. C'est pourquoi il n'y aura pour lui qu'un bien, et un seul, celui qui est honorable, car l'un de ses commandements est que nous obéissions aux dieux et que nous ne nous mettions pas en colère contre les malheurs soudains ni ne déplorions notre sort, mais que nous acceptions patiemment le destin et que nous obéissions à ses commandements. Si tout est bon sauf ce qui est honorable, nous serons assaillis par l'avidité de la vie et de ses moyens de subsistance, ce qui est un état intolérable, illimité et instable. Le seul bien est donc celui qui est honorable, celui qui est soumis à des limites.

J'ai déclaré que la vie de l'homme serait plus heureuse que celle des dieux, si les choses dont les dieux ne jouissent pas sont des biens, tels que l'argent et les charges de dignité. Il y a une autre considération : s'il est vrai seulement que nos âmes, une fois libérées du corps, demeurent encore, une condition plus heureuse les attend que celle qu'elles ont pendant qu'elles habitent dans le corps. Mais s'il s'agit de biens dont nous nous servons à cause de notre corps, nos âmes seront plus malheureuses quand elles seront libérées ; et c'est contraire à notre croyance que de dire que l'âme est plus heureuse quand elle est enfermée et confinée que quand elle est libre et qu'elle s'est livrée à l'univers. J'ai dit aussi que si les choses que les animaux muets possèdent au même titre que l'homme sont des biens, alors les animaux muets mèneront aussi une vie heureuse ; ce qui est évidemment impossible. Il faut tout supporter pour défendre ce qui est honorable ; mais cela ne serait pas nécessaire s'il y avait d'autres biens que ceux qui sont honorables.

Bien que cette question ait été traitée assez longuement dans une lettre précédente, je l'ai abordée sommairement et j'ai brièvement passé en revue l'argumentation. Mais une telle opinion ne te semblera jamais vraie si tu n'élèves pas ton esprit et si tu ne te demandes pas si, à l'appel du devoir, tu serais prêt à mourir pour ton pays et à acheter la sécurité de tous tes concitoyens au prix de la tienne ; si tu offrirais ton cou non seulement avec patience, mais aussi avec joie. Si tu veux faire cela, il n'y a pas d'autre bien à tes yeux. Car tu renonces à tout pour acquérir ce bien. Vois combien est grande la force de ce qui est honorable : tu mourras pour ton pays, même à un moment donné, quand tu sais que tu dois le faire. Parfois, grâce à une noble conduite, on obtient une grande joie, même dans un laps de temps très court et très fugace ; et, bien qu'aucun des fruits d'une action accomplie ne puisse revenir à celui qui l'a accomplie après sa mort et son retrait de la sphère des affaires humaines, la simple contemplation d'une action à accomplir est un plaisir, et l'homme courageux et droit, en imaginant les guerres de sa mort - telles que la liberté de son pays et la libération de tous ceux pour lesquels il paye sa vie - participe au plus grand plaisir et jouit du fruit de son propre péril. Mais même celui qui est privé de cette joie, celle qui naît de la contemplation d'un dernier effort noble, se jettera dans la mort sans hésiter, satisfait d'agir avec droiture et obéissance. D'ailleurs, les découragements peuvent être nombreux ; on dira : «Ton œuvre sera vite oubliée», «Tes concitoyens ne te remercieront guère.» Il répondra : «Tout cela n'est pas de mon ressort. Je pense à l'acte lui-même. Je sais que c'est honorable. C'est pourquoi, là où l'honneur m'emmène et me convoque, j'irai.»

C'est donc le seul bien, et il est connu non seulement de toute âme qui a atteint la perfection, mais aussi de toute âme qui est par nature noble et d'instinct droit ; tous les autres biens sont insignifiants et changeants. C'est pourquoi ils nous assaillent si nous les possédons. Bien qu'ils soient amassés par la bonne fortune, ils pèsent lourdement sur leurs propriétaires, les pressant toujours et les écrasant parfois. Aucun de ceux que tu vois vêtus de pourpre n'est heureux, pas plus qu'un de ces acteurs à qui la pièce confère un sceptre et un manteau pendant qu'ils sont sur la scène ; ils se pavanent devant une salle comble, le port gonflé et le pied touffu ; mais une fois qu'ils sont sortis, on leur enlève leurs chaussures et ils reprennent leur stature normale. Aucun de ceux qui ont été élevés à une plus grande hauteur par les richesses et les honneurs n'est vraiment grand. Pourquoi alors te semble-t-il grand ? C'est parce que tu mesures le piédestal en même temps que l'homme. Un nain n'est pas grand même s'il est au sommet d'une montagne ; une statue colossale sera toujours grande, même si tu la places dans une fosse. Voilà l'erreur sous laquelle nous travaillons, voilà la raison pour laquelle nous nous imposons : nous n'estimons pas l'homme pour ce qu'il est, mais nous ajoutons à l'homme lui-même les ornements dont il est revêtu. Mais si tu veux connaître la vraie valeur d'un homme et savoir quel genre d'homme il est, regarde-le quand il est nu ; fais-le se dépouiller de ses richesses héréditaires, de ses titres et des autres illusions de la fortune ; fais-le se dépouiller même de son corps. Considère son âme, sa qualité et sa stature, et apprends ainsi si sa grandeur est empruntée ou si elle lui appartient en propre.

Si un homme peut regarder sans se décourager l'éclat d'une épée, s'il sait qu'il ne se soucie pas que son âme s'enfuie par sa bouche ou par une blessure à la gorge[28], tu peux l'appeler heureux ; tu peux aussi l'appeler heureux si, menacé de tortures corporelles, soit par accident, soit par la force des plus puissants, il peut entendre parler sans inquiétude

28 Parce que l'âme peut partir de différentes manières.

de chaînes, d'exil, ou de toutes les vaines craintes qui agitent l'esprit des hommes, et peut dire :

«O jeune fille, aucune forme nouvelle et soudaine de travail ne surgit devant mes yeux ; au fond de mon âme, je suis allé de l'avant et j'ai tout examiné[29].» Aujourd'hui, c'est toi qui me menaces de ces terreurs ; mais je m'en suis toujours menacé moi-même, et je me suis préparé, en tant qu'homme, à affronter le destin de l'homme.»

Si un mal a été pesé à l'avance, le coup est doux lorsqu'il arrive. Mais pour l'insensé et pour celui qui s'en remet à la fortune, chaque événement, à mesure qu'il survient, se présente sous une forme nouvelle et soudaine, et une grande partie du mal, pour celui qui n'a pas d'expérience, consiste dans sa nouveauté. La preuve en est que les hommes supportent avec plus de courage, quand ils y sont habitués, des choses qu'ils avaient d'abord regardées comme des difficultés. C'est ainsi que le sage s'habitue aux ennuis à venir, en allégeant par une longue réflexion les maux que d'autres allègent par une longue endurance. On entend parfois l'inexpérimenté dire : «Je savais que cela m'attendait.» Mais le sage sait que tout lui est réservé. Quoi qu'il arrive, il dit : «Je le savais.»

29 Virgile. Énéide. VI. 103.

LETTRE 77
SUR LE FAIT DE SE SUICIDER

Tout à coup sont apparus aujourd'hui les navires alexandrins, c'est-à-dire ceux qu'on envoie d'ordinaire en avant pour annoncer l'arrivée de la flotte ; on les appelle «navires messagers.» Les sonneurs sont heureux de les voir ; toute la populace de Puteoli se tient sur les quais, et reconnaît les navires alexandrins, quelque grande que soit la foule des vaisseaux, à l'ornementation même de leurs voiles. Car eux seuls peuvent garder déployés les huniers que tous les navires portent en mer, car rien ne fait mieux avancer un navire que son hunier ; c'est de là que vient la plus grande partie de sa vitesse. Aussi, lorsque la brise se raidit et devient plus forte que de raison, ils affalent les voiles, car le vent est moins fort près de la surface de l'eau. Par conséquent, lorsqu'ils atteignent l'île de Capri et le cap où «le grand Palas veille sur le sommet orageux»[30], tous les autres navires doivent se contenter de la grand-voile, et le hunier se distingue sur les navires messagers alexandrins.

---

30 L'auteur de cette citation est inconnu.

Pendant que tout le monde s'affairait et se hâtait vers le bord de l'eau, j'éprouvais un grand plaisir dans ma paresse, car, bien que je devais bientôt recevoir des lettres de mes amis, je n'étais pas pressé de savoir où en étaient mes affaires à l'étranger, ni quelles nouvelles ces lettres apportaient ; depuis quelque temps, je n'avais eu ni perte ni gain. Si je n'avais pas été un vieillard, je n'aurais pu que m'en réjouir ; mais tel qu'il est, mon plaisir a été bien plus grand. Car, si peu que soient mes biens, il me resterait plus d'argent pour voyager que de voyage à entreprendre, d'autant plus que ce voyage que nous avons commencé n'a pas besoin d'être poursuivi jusqu'au bout. Une expédition sera incomplète si l'on s'arrête à mi-chemin ou n'importe où de ce côté de la destination ; mais la vie n'est pas incomplète si elle est honorable[31]. Quel que soit le moment où tu cesses de vivre, tant que tu le fais noblement, ta vie est un tout. Souvent, cependant, la vie doit être quittée courageusement, et nos raisons n'ont pas besoin d'être transcendantes, car les raisons qui nous maintiennent ici ne sont pas non plus transcendantes.

Tullius Marcellinus, un homme que tu as bien connu, qui dans sa jeunesse était une âme tranquille et qui vieillissait prématurément, tomba malade d'une maladie qui n'était nullement irrémédiable ; mais elle se prolongeait, était pénible et exigeait beaucoup d'attention ; alors il commença à songer à mourir. Il convoqua plusieurs de ses amis. Chacun d'eux conseilla Marcellin : l'ami timide l'engagea à faire ce qu'il avait décidé ; l'ami flatteur et séducteur lui donna des conseils qu'il supposait plus agréables à Marcellin quand il y réfléchirait ; mais notre ami stoïque, homme peu commun, et, pour le louer dans le langage qu'il mérite, homme de courage et

---

31 Sénèque montre son détachement des questions matérielles.

de vigueur, l'admonesta mieux que personne, ce me semble. Il commença en effet comme suit «Ne te tourmente pas, mon cher Marcellin, comme si la question que tu soupèses était importante. Il n'est pas important de vivre ; tous tes esclaves vivent, ainsi que tous les animaux ; mais il est important de mourir honorablement, raisonnablement, courageusement. Réfléchis depuis combien de temps tu fais la même chose : manger, dormir, désirer. C'est la ronde quotidienne. Le désir de mourir peut être ressenti non seulement par l'homme sensible, courageux ou malheureux, mais aussi par l'homme simplement blasé.

Marcellin n'avait pas besoin de quelqu'un qui le pousse, mais de quelqu'un qui l'aide, car ses esclaves refusaient d'obéir à ses ordres. Le stoïcien leur ôta toute crainte, leur montrant qu'il n'y avait aucun risque pour la maison, sauf lorsqu'on ne savait pas si la mort du maître était voulue par lui ou non ; d'ailleurs, il était aussi mauvais de tuer son maître que de l'empêcher de se tuer lui-même par la force. Il suggéra alors à Marcellin lui-même que ce serait un acte de bonté que de distribuer des cadeaux à ceux qui l'avaient servi toute sa vie, lorsque sa vie serait terminée, tout comme, lorsqu'un banquet est terminé, la portion restante est divisée entre les convives autour de la table. Marcellin était d'un tempérament serviable et généreux, même lorsqu'il s'agissait de ses propres biens ; il distribua donc de petites sommes à ses esclaves éplorés et les réconforta en outre. Il n'eut pas besoin de recourir à l'épée ou à l'effusion de sang ; pendant trois jours, il jeûna et fit dresser une tente dans sa chambre. Puis on lui apporta un baquet ; il s'y étendit longtemps et, comme l'eau chaude coulait continuellement sur lui, il s'évanouit peu à peu, non sans un sentiment de plaisir, comme il le remarqua lui-même, un sentiment semblable à celui que donne habituellement une lente dissolution. Ceux d'entre nous qui se sont déjà évanouis savent par expérience ce qu'est cette sensation.

Cette petite anecdote sur laquelle je me suis attardé ne te déplaira pas. Car tu verras que ton ami n'est parti ni dans la difficulté, ni dans la souffrance. Bien qu'il se soit suicidé, il s'est retiré très doucement, en glissant hors de la vie. L'anecdote peut aussi être utile, car les crises appellent souvent des exemples de ce genre. Il y a des moments où l'on devrait mourir et où l'on ne veut pas ; il y a des moments où l'on meurt et où l'on ne veut pas. Personne n'est assez ignorant pour ne pas savoir qu'un jour ou l'autre, il faudra mourir ; pourtant, à l'approche de la mort, on tremble et on se lamente. Ne penses-tu pas que celui qui pleure parce qu'il n'était pas vivant il y a mille ans est un parfait imbécile ? Et celui qui pleure parce qu'il ne sera pas vivant dans mille ans n'est-il pas tout aussi imbécile ? C'est la même chose : tu ne seras pas, et tu n'étais pas. Aucune de ces périodes ne t'appartient. Tu as été jeté sur ce point du temps ; si tu veux l'allonger, combien de temps encore le feras-tu ? Pourquoi pleurer ? Pourquoi prier ? Tu t'efforces en vain.

«Cesse de penser que tes prières peuvent détourner les décrets divins de leur fin prédestinée»[32].

Ces décrets sont inaltérables et fixes ; ils sont régis par une puissante et éternelle contrainte. Leur but sera le but de toutes choses. Qu'y a-t-il d'étrange pour toi ? Tu es né pour être soumis à cette loi ; ce destin a touché ton père, ta mère, tes ancêtres, tous ceux qui t'ont précédé, et il touchera tous ceux qui viendront après toi. Une séquence qui ne peut être brisée ou modifiée par aucune puissance lie toutes les choses entre elles et les entraîne dans son cours.

---

32 Virgile. Énéide. VI, 376.

Pense aux multitudes d'hommes condamnés qui viendront après toi, aux multitudes qui partiront avec toi. Je suppose que tu mourrais plus courageusement en compagnie de plusieurs milliers ; et pourtant il y a plusieurs milliers d'hommes et d'animaux qui, en ce moment même, alors que tu es irrésolu face à la mort, rendent leur dernier soupir, sous des formes diverses. Mais toi, pensais-tu que tu n'atteindrais pas un jour le but vers lequel tu as toujours voyagé ? Aucun voyage n'a de fin.

Je suppose que tu penses que je dois maintenant citer quelques exemples de grands hommes. Non, je vais plutôt citer le cas d'un garçon. L'histoire de l'enfant spartiate a été conservée. Captif alors qu'il n'était encore qu'un enfant, il s'est écrié dans son dialecte dorien : «Je ne serai pas un esclave !» et il a tenu parole ; la première fois qu'on lui a ordonné d'accomplir un service servile et dégradant - et l'ordre était d'aller chercher un pot de chambre - il s'est cassé la tête contre le mur. La liberté est si proche, et y a-t-il quelqu'un qui soit encore esclave ? Ne préfères-tu pas que ton propre fils meure ainsi plutôt que d'arriver à la vieillesse en cédant faiblement ? Pourquoi donc te tourmenter, alors qu'un enfant lui-même peut mourir si courageusement ? Suppose que tu refuses de le suivre, tu seras conduit. Prends sous ton contrôle ce qui est maintenant sous le contrôle d'un autre ; n'emprunteras-tu pas le courage de ce garçon, et ne diras-tu pas : «Je ne suis pas un esclave ?» Malheureux, tu es l'esclave des hommes, tu es l'esclave de tes affaires, tu es l'esclave de la vie. Car la vie, si tu n'as pas le courage de mourir, est un esclavage.

As-tu quelque chose qui vaille la peine d'être attendu ? Tes plaisirs mêmes, qui te font retarder et retenir, tu les as déjà épuisés. Aucun d'entre eux n'est une nouveauté pour toi, et il n'en est pas un qui ne soit déjà devenu détestable, parce que tu t'en es lassé. Tu connais le goût du vin et des cordiaux. Que cent ou mille mesures passent dans ta vessie, tu n'es qu'un filtre à vin. Tu es un connaisseur du goût de l'huître et du mulet ; ton luxe ne t'a rien laissé à goûter pendant des années ; et cependant ce sont là des choses dont tu ne veux pas te séparer. Qu'y a-t-il d'autre que tu regretterais de te voir enlever ? Des amis ? Mais qui peut être ton ami ? La patrie ? Quoi ? As-tu assez d'estime pour ta patrie pour être en retard à ton dîner ? La lumière du soleil ? Tu l'éteindrais si tu le pouvais ; car qu'as-tu jamais fait qui soit digne d'être vu dans la lumière ? Avoue la vérité : ce n'est pas parce que tu te languis de la salle du sénat ou du forum, ou même du monde de la nature, que tu voudrais retarder la mort ; c'est parce que tu es trop paresseux pour quitter la poissonnerie, bien que tu en aies épuisé les provisions.

Tu as peur de la mort, mais comment la mépriser au milieu d'un repas de champignons ? Tu veux vivre ; mais sais-tu vivre ? Tu as peur de mourir. Mais enfin, cette vie est-elle autre chose que la mort ? Gaius Caesar[33] passait sur la voie latine lorsqu'un homme sortit des rangs des prisonniers, sa barbe grise tombant sur sa poitrine, et demanda à être mis à mort. «Il supplie qu'on le mette à mort, dit César, es-tu vivant maintenant ?» C'est la réponse qu'il faut donner aux hommes à qui la mort irait comme un gant. «Tu as peur de mourir, tu es vivant maintenant ?»

«Mais je souhaite vivre», dit l'un d'eux, «car je suis engagé dans de nombreuses activités honorables. Je regrette d'abandonner les devoirs de la vie, que je remplis avec loyauté et zèle.» Tu sais certainement que mourir fait aussi partie des

33 Il fait référence à Caligula.

devoirs de la vie. Tu ne renonces à aucun devoir, car il n'y a pas de nombre précis de devoirs à remplir. Il n'y a pas de vie qui ne soit courte. Comparée au monde de la nature, même la vie de Nestor était courte, ou celle de Satia, la femme qui a fait graver sur sa tombe qu'elle avait vécu quatre-vingt-dix-neuf ans. Certaines personnes, vois-tu, se vantent de leur longue vie ; mais qui aurait pu supporter la vieille femme si elle avait eu la chance d'atteindre ses cent ans ? La vie est comme une pièce de théâtre : ce n'est pas la durée de l'action qui compte, mais la qualité du jeu. Le moment où tu t'arrêtes n'a pas d'importance. Arrête-toi quand tu veux ; assure-toi simplement que la période de clôture est bien résolue.

LETTRE 82
SUR LA PEUR NATURELLE DE LA MORT

J'ai cessé de m'inquiéter pour toi. «Lequel des dieux as-tu trouvé comme garant ?» demandes-tu.[34] Un dieu, laisse-moi te le dire, qui ne trompe personne, une âme amoureuse de ce qui est juste et bon. Le meilleur de toi-même est en sécurité. La fortune peut te faire du mal, mais je ne crains pas que tu te fasses du mal. Procède comme précédemment et installe-toi dans ce mode de vie, non pas dans le luxe, mais dans le calme. Je préfère être dans l'embarras qu'entouré de luxe, et interpréter le terme «dans l'embarras» dans son sens populaire : vivre une vie «difficile», «sans confort», «ardue.» On entend souvent vanter ainsi la vie de certains hommes, lorsqu'ils sont en butte à l'impopularité : «Untel vit dans le luxe», mais on veut dire par là : «Il s'amollit dans le luxe.» Car l'âme s'affaiblit par degrés ; ne vaut-il pas mieux que celui

34 Celui qui engage sa responsabilité en assumant la dette d'autrui. Cela fait partie du processus connu sous le nom d'*intercessio*.

qui est vraiment un homme s'endurcisse ? Ensuite, ces mêmes nobles craignent ce à quoi ils ont fait ressembler leur propre vie. Il y a une grande différence entre être oisif et être enterré. «Mais ne vaut-il pas mieux être oisif que de tourner dans ces tourbillons d'occupations inutiles ?» Les deux extrêmes sont à réprouver, la tension comme l'oisiveté. Je maintiens que celui qui est couché sur un divan parfumé n'est pas moins mort que celui qui est traîné par le crochet du bourreau.

Le loisir sans étude, c'est la mort, c'est un tombeau pour l'homme vivant. Quel est donc l'avantage de la retraite ? Comme si les vraies causes de nos détresses ne nous suivaient pas au-delà des mers ! Quelle est la cachette où n'entre pas la crainte de la mort ? Quels sont les havres de paix, si fortifiés et si retirés, que le chagrin ne les remplisse pas d'effroi ? Où que tu te caches, les maux humains se déchaînent autour de toi. Il y a beaucoup de choses extérieures qui nous entourent, pour nous tromper ou nous accabler ; il y a des choses intérieures qui, même au milieu de la solitude, nous troublent et nous dérangent.

C'est pourquoi il érige avec philosophie une muraille imprenable. Bien qu'assaillie par des armes de siège, la fortune ne peut la franchir. L'âme se tient sur un terrain inébranlable, si elle a abandonné les choses extérieures, elle est indépendante dans sa propre forteresse, et les armes qu'on lui lance n'atteignent pas la cible. La fortune n'a pas la longue portée qu'on lui prête ; elle ne peut saisir que celui qui s'y attache. Alors, éloignons-nous d'elle autant qu'il nous est possible. Cela ne sera possible que par la connaissance de soi et du monde. L'âme doit savoir où elle va et d'où elle vient, ce qui est bon pour elle et ce qui est mauvais, ce qu'elle recherche et ce qu'elle évite, quelle est cette raison qui distingue le désirable de l'indésirable, afin de dompter la folie de nos désirs et de calmer la violence de nos peurs.

Certains hommes s'enorgueillissent d'avoir enrayé ces maux par eux-mêmes, sans l'aide de la philosophie ; mais lorsqu'un accident les surprend, il leur vient un aveu tardif de leur erreur. Leurs paroles vantardes s'évanouissent de leurs lèvres lorsque le bourreau leur demande d'étendre les mains et que la mort s'approche. On pourrait dire à un tel homme : «Il t'était facile de défier des maux qui n'étaient pas proches, mais voici la douleur que tu déclarais pouvoir supporter, voici la mort, contre laquelle tu as poussé tant d'audacieuses fanfaronnades ! Le fouet claque, l'épée brille : «Ah, maintenant, Énée, il faut que tu aies le cœur bien accroché.[35]»

Cette force du cœur, cependant, viendra d'une étude constante, à condition que tu pratiques, non pas avec ta langue, mais avec ton âme, et que tu te prépares à rencontrer la mort. Pour cela, tu ne dois pas attendre d'encouragement ou de soutien de ceux qui tentent de te faire croire, par leur logique capricieuse, que la mort n'est pas un mal. Car il me plaît, excellent Lucilius, de me moquer des folies des Grecs, dont, à ma grande surprise, je n'ai pas encore réussi à me débarrasser. Notre maître Zénon[36] utilise un syllogisme comme celui-ci : «Aucun mal n'est glorieux, mais la mort est glorieuse, donc la mort n'est pas un mal.» J'ai trouvé un remède, Zénon ! Je suis débarrassé de la peur, désormais je n'hésiterai plus à me mettre à nu sur l'échafaud. Ne diras-tu pas des mots plus durs au lieu de faire rire un mourant ? En effet, Lucilius, je ne saurais te dire si c'est le plus fou qui a cru dissiper la peur de la mort en proposant ce syllogisme, ou celui qui a tenté de le réfuter, comme s'il avait quelque chose à voir

35 Virgile, *Enéide*, VI. 26.

36 Frag. 196, von Arnim.

avec la question. En effet, le même réfutateur a proposé un contre-syllogisme, basé sur la proposition que nous considérons la mort comme «indifférente», une des choses que les Grecs appellent indifférentes.[37] «Rien de ce qui est indifférent ne peut être glorieux ; la mort est glorieuse, donc elle n'est pas indifférente,» dit-il. Tu comprends l'astuce de ce syllogisme : la simple mort n'est pas glorieuse, en effet, mais une mort courageuse l'est. Et quand tu dis : «Rien de ce qui est indifférent n'est glorieux», je te l'accorde, et je déclare que rien n'est glorieux, sauf en ce qui concerne les choses indifférentes. Je range parmi les choses indifférentes, c'est-à-dire ni bonnes ni mauvaises, la maladie, la douleur, la pauvreté, l'exil, la mort. Aucune de ces choses n'est intrinsèquement glorieuse, mais rien ne peut l'être en dehors d'elles. En effet, ce n'est pas la pauvreté que nous louons, mais l'homme que la pauvreté ne peut ni humilier ni soumettre. Ce n'est pas non plus l'exil que nous louons, mais l'homme qui se retire dans l'exil avec le même esprit que celui avec lequel il en aurait envoyé un autre. Ce n'est pas la douleur que nous louons, c'est l'homme que la douleur n'a pas contraint. Ce n'est pas la mort que l'on loue, mais l'homme dont l'âme est arrachée par la mort avant qu'il ait pu la confondre. Toutes ces choses ne sont en elles-mêmes ni honorables ni glorieuses, mais celles que la vertu a visitées et touchées sont rendues honorables et glorieuses par elle ; elles sont simplement au milieu[38], et la question décisive est de savoir si c'est le mal ou la vertu qui

37 Défini par les Grecs comme «les choses qui n'ont pas de rapport direct avec le bonheur ou le malheur.» Voir Cicéron, *De Finibus*, III. 50 ff.

38 En d'autres termes, ils sont «indifférents.»

s'en est emparé. Par exemple, la mort, qui est glorieuse dans le cas de Caton, est vile et honteuse dans le cas de Brutus[39]. C'est pourquoi Brutus, condamné à mort, essayait d'obtenir un sursis ; il se retirait un instant pour se calmer. Lorsqu'on le convoque pour mourir et qu'on lui ordonne de présenter son cou, il s'exclame : «Je le ferai si je peux vivre» ; quelle folie que de fuir lorsqu'il est impossible de revenir en arrière ! «Je ne présenterai mon cou que si je peux vivre.» Il est sur le point de dire aussi : «Même si c'est sous les ordres d'Antoine !» Cet homme méritait d'être condamné à vivre.

Mais, comme je l'ai dit, la mort en elle-même n'est ni un mal ni un bien ; Caton a connu la mort de la manière la plus honorable, Brutus de la manière la plus ignoble. Tout, si l'on y ajoute la vertu, prend une gloire qu'il n'avait pas auparavant. Nous parlons d'une chambre ensoleillée, bien qu'elle soit très sombre la nuit. C'est le jour qui la remplit de lumière et la nuit qui l'en prive ; ainsi en est-il des choses que nous appelons indifférentes et «moyennes»[40], telles que la richesse, la force, la beauté, les titres, la royauté, et leurs contraires, la mort, l'exil, la maladie, la douleur, et les maux du même genre, dont la peur te trouble plus ou moins. C'est le mal ou la vertu qui donne le nom de bien ou de mal. Un objet n'est, par essence, ni chaud ni froid ; il est chauffé quand on le jette dans la fournaise et refroidi quand on le fait tomber dans l'eau. La mort est honorable quand elle est liée à ce qui est honorable, c'est-à-dire à la vertu et à une âme qui méprise les pires épreuves.

---

39 Vraisemblablement D. Junius Brutus, qui finit par s'attirer l'inimitié d'Octave et d'Antoine. Il mourut ignominieusement aux mains d'un Gaulois alors qu'il fuyait pour rejoindre M. Brutus en Macédoine.

40 Média : Mot technique issu de la philosophie stoïcienne, signifiant ni bon ni mauvais.

De plus, il existe de grandes distinctions entre ces qualités que nous appelons «moyennes.» Par exemple, la mort n'est pas aussi indifférente que la question de savoir s'il faut se coiffer ou non. La mort fait partie des choses qui ne sont pas vraiment des maux, mais qui ont tout de même une apparence de mal, parce que nous avons un amour intrinsèque du moi, un désir d'existence et d'auto-préservation, et aussi une horreur de la dissolution, parce que la mort semble te priver de nombreux biens et t'éloigner de l'abondance à laquelle tu t'es habitué. Un autre élément t'éloigne de la mort : tu connais déjà le présent, mais tu ignores l'avenir vers lequel tu te diriges et tu as une aversion pour l'inconnu. De plus, il est naturel de craindre le monde des ombres, auquel la mort est censée conduire. Ainsi, si la mort est indifférente, elle n'est pas pour autant quelque chose que l'on peut facilement ignorer. Ton âme doit s'endurcir par la pratique, afin d'apprendre à supporter l'approche de la mort.

La mort devrait être méprisée plus qu'elle ne l'est habituellement. Parce que nous croyons trop d'histoires à son sujet. De nombreux penseurs se sont efforcés d'ajouter à sa mauvaise réputation, ont représenté la prison dans les enfers et la terre submergée par la nuit éternelle, où

Dans sa grotte maculée de sang, le gardien de l'orque monstrueux
S'étirer sur des os à moitié rongés terrifie les fantômes désincarnés
Avec des aboiements incessants.[41]

Même si tu parviens à te persuader et à prouver que ce ne sont que des histoires et que les morts n'ont rien à craindre, une autre peur t'envahit. Car la peur d'aller aux enfers est la même que la peur d'aller nulle part.

41 Voir Virgile, *Enéide*, VI. 400 f. et VIII. 296 s.

Face à ces notions, que l'opinion nous a toujours soufflées à l'oreille, comment la résistance courageuse à la mort pourrait-elle être autre chose que glorieuse et digne de figurer parmi les plus grandes réalisations de l'esprit humain ? Car l'esprit ne s'élèvera jamais à la vertu s'il croit que c'est un mal, mais il s'élèvera s'il croit que c'est une chose indifférente. Il n'est pas dans l'ordre de la nature qu'un homme se dirige de grand cœur vers un destin qu'il croit mauvais ; il ira lentement et à contrecœur. Mais rien de glorieux ne peut résulter de la réticence et de la lâcheté ; la vertu ne fait rien sous la contrainte. D'ailleurs, aucun travail n'est honorable si l'homme ne s'y est pas consacré et n'y a pas travaillé de tout son cœur, sans rébellion. Cependant, lorsqu'un homme va affronter un mal, soit par crainte de maux plus graves, soit par espoir de biens dont la réalisation lui importe assez pour qu'il puisse avaler le mal qu'il doit endurer, dans ce cas le jugement va dans deux directions. D'une part, il y a le motif qui l'oblige à réaliser son dessein ; d'autre part, le motif qui le retient et le fait fuir devant ce qui a éveillé son appréhension ou ce qui le met en danger. Il est donc tiraillé dans des directions différentes ; et s'il en est ainsi, la gloire de son acte disparaît. Car la vertu n'accomplit ses desseins que lorsque l'esprit est en harmonie avec lui-même. Il n'y a de crainte dans aucune de ses actions.

N'abandonne pas devant les maux, mais, plus courageusement encore, va là où ta fortune te permet d'aller.[42]

Tu ne peux pas «être plus courageux» si tu es persuadé que ces choses sont les vrais maux. Déracine cette idée de ton âme ; sinon, tes craintes resteront irrésolues et freineront ainsi ton élan vers l'action. Tu seras poussé vers ce que tu devrais avancer comme un soldat.

---

42 Virgile, *Enéide*, VI. 95 et suivants, conseil de la Sibylle à Énée.

Ceux de notre école, il est vrai, veulent que les hommes pensent que le syllogisme de Zénon est correct, mais que le second que j'ai mentionné est trompeur et erroné. Mais je refuse, pour ma part, de réduire de telles questions à une question de règles dialectiques, ou aux subtilités d'un système tout à fait dépassé. Fini, donc, ce genre de choses qui font qu'un homme se sent coincé lorsqu'on lui pose une question, qui l'obligent à admettre une prémisse, et qui lui font dire une chose dans sa réponse alors que son opinion réelle est autre. Lorsque la vérité est en jeu, il faut agir plus franchement ; et lorsqu'il s'agit de combattre la peur, il faut agir plus hardiment. De telles questions, que les dialecticiens enveloppent de subtilités, je préfère les résoudre et les peser rationnellement, dans le but de gagner des convictions et non de forcer des opinions.

Lorsqu'un général s'apprête à conduire au combat une armée prête à affronter la mort pour ses femmes et ses enfants, comment peut-il les appeler à la bataille ? Je rappelle aux Fabiens qu'ils ont pris en charge, en tant que clan unique, une guerre qui concernait l'ensemble de l'État. Je montre les Lacédémoniens au col même des Thermopyles, sans espoir de victoire ni de retour. L'endroit où ils se tiennent est leur tombeau. Dans quel langage les encouragerais-tu à fermer le col avec leur corps, à supporter la ruine de toute leur tribu, et à quitter la vie plutôt que leur poste ? Dirais-tu : «Ce qui est mauvais n'est pas glorieux, mais la mort est glorieuse ; donc la mort n'est pas un mal» ? Quel discours puissant ! Après de telles paroles, qui hésiterait à se jeter sur les lances dentelées de l'ennemi et à mourir sur place ? Mais prends Léonidas, avec quel courage il s'adresse à ses hommes ! Il dit : «Camarades, allons déjeuner, sachant que nous allons dîner dans l'Hadès !» La nourriture de ces hommes n'était pas grumeleuse dans leur bouche, ni coincée dans leur gorge, ni glissante de leurs doigts, ils acceptèrent avec empressement l'invitation au petit déjeuner et aussi au dîner ! Pense aussi au célèbre général romain[43] : ses soldats avaient été envoyés prendre position et, alors qu'ils étaient sur le point de se frayer un chemin à travers une immense armée d'ennemis, il s'adressa à eux en ces termes : «Maintenant, camarades, vous devez vous rendre à cet endroit d'où vous ne devez pas revenir !»

Tu vois donc combien la vertu est droite et impérieuse, mais quel homme sur terre sa logique trompeuse peut-elle rendre plus courageux ou plus droit ? Elle brise plutôt l'esprit, qui ne devrait jamais être moins à l'étroit ni moins contraint de se préoccuper de problèmes mesquins et épineux que lorsqu'une grande œuvre est prévue. Ce ne sont pas les trois cents,[44] c'est l'humanité entière qui doit être libérée de la peur de la mort. Mais comment prouver à tous ces hommes que la mort n'est pas un mal ? Comment vaincre les notions de toute notre vie passée, dont nous sommes imprégnés dès notre enfance ? Quel secours peux-tu trouver à l'impuissance de l'homme ? Que peux-tu dire pour que les hommes se précipitent, brûlants d'ardeur, au milieu du danger ? Par quel discours persuasif peux-tu détourner ce sentiment universel de peur, par quelle force d'esprit peux-tu détourner la conviction de l'humanité qui t'est fermement opposée ? Veux-tu inventer des mots codés ou enchaîner de petits syllogismes ? Il faut de grandes armes pour abattre de grands monstres. Rappelle-toi le féroce serpent d'Afrique, que les

43 Calpurnius, en Sicile, pendant la première guerre punique. Cf. Tite-Live, XXII. 60. 1.

44 Les soldats de Léonidas.

légions romaines craignaient plus que la guerre elle-même, et qui, attaqué en vain par des flèches et des frondes, ne pouvait être blessé même par Pythius, car sa taille énorme et la dureté qui correspondait à sa masse faisaient disparaître les lances, ou toute arme lancée par la main de l'homme. Enfin, elle fut détruite par des rochers de la taille d'une meule. Tu lances donc de chétives armes comme les tiennes, même contre la mort ? Peux-tu arrêter l'élan d'un lion avec un poignard ? Tes paroles sont tranchantes, mais il n'y a rien de plus tranchant que la tige d'une plante cultivée. Et certains arguments sont rendus inutiles et stériles par leur subtilité même.

LETTRE 93
SUR LA QUALITÉ DE VIE, PAR OPPOSITION À LA DURÉE DE VIE

En lisant la lettre dans laquelle tu te lamentes sur la mort du philosophe Metronax[45], comme s'il aurait pu et dû vivre plus longtemps, j'ai regretté l'esprit d'équité qui abonde dans tes discussions sur les hommes et les choses, mais qui fait défaut lorsque tu traites d'un seul sujet, comme c'est le cas pour chacun d'entre nous. En d'autres termes, j'ai observé beaucoup de gens qui agissent avec justice avec leurs semblables, mais aucun qui agisse avec justice avec les dieux. Chaque jour, nous nous plaignons du destin en disant : «Pourquoi a-t-il pris A au milieu de sa carrière ? Pourquoi ne prend-il pas plutôt B ? Pourquoi devrait-il prolonger sa vieillesse, qui est un fardeau pour lui et pour les autres ?»

Mais dis-moi, s'il te plaît, si tu trouves plus juste d'obéir à la nature ou que la nature te obéisse, et quelle différence

45 Philosophe originaire de Naples, qui aurait donné des conférences dans cette ville.

y a-t-il dans la rapidité avec laquelle tu te éloignes d'un lieu dont tu dois tôt ou tard partir ? Nous devons nous efforcer, non pas de vivre longtemps, mais de vivre bien, car pour vivre longtemps, il ne faut que le destin, tandis que pour vivre bien, il faut l'âme. Une vie est vraiment longue si elle est pleine, mais la plénitude n'est atteinte que lorsque l'âme s'est fait son propre bien, c'est-à-dire lorsqu'elle s'est maîtrisée elle-même. Quel bénéfice ce vieillard tire-t-il des quatre-vingts années qu'il a passées dans l'oisiveté ? Une personne comme lui n'a pas vécu, elle est simplement restée dans la vie pendant un certain temps. Il n'est pas non plus mort tardivement, il est simplement mort depuis longtemps. Il a vécu quatre-vingts ans, n'est-ce pas ? Cela dépend de la date à partir de laquelle on compte sa mort. Son autre ami[46] s'est éteint dans la fleur de l'âge. Mais il avait rempli tous les devoirs d'un bon citoyen, d'un bon ami, d'un bon fils ; il n'avait manqué à aucun de ses devoirs. Son âge était peut-être incomplet, mais sa vie était complète. L'autre homme a vécu quatre-vingts ans, n'est-ce pas ? Non, il a existé quatre-vingts ans, à moins que tu n'entendes par «vécu» ce que nous entendons quand nous disons qu'un arbre «vit».

Veillons, mon cher Lucilius, à ce que nos vies, comme des joyaux de grand prix, soient remarquables non par leur largeur, mais par leur poids ; mesurons-les par leur rendement, et non par leur durée. Sais-tu où est la différence entre cet homme fort qui, méprisant la fortune, a participé à toutes les campagnes de la vie et a atteint le bien suprême de la vie, et cet autre homme dont la tête a traversé de nombreuses années ? Le premier existe même après sa mort, le second est mort avant même d'être mort.

---

46 Il s'agit du Metronax mentionné ci-dessus.

C'est pourquoi nous devons louer celui qui a bien investi le temps qui lui a été imparti, même s'il est petit, car il a vu la vraie lumière. Il n'a pas été un être ordinaire. Non seulement il a vécu, mais il s'est épanoui. Parfois, il a bénéficié d'un ciel magnifique ; parfois, comme c'est souvent le cas, ce n'est qu'à travers les nuages que l'éclat de l'étoile puissante l'a atteint.[47] Pourquoi demandes-tu : «Combien de temps a-t-il vécu ?» Il vit encore. D'un seul coup, il est passé à la postérité et s'est mis sous la tutelle de la mémoire.

Et pourtant, je ne voudrais pas pour autant me priver de quelques années de plus ; mais si ma vie est écourtée, je ne dirai pas qu'il m'a manqué quelque chose d'essentiel à une vie heureuse, car je n'ai pas eu l'intention de vivre jusqu'au dernier jour, comme mes espoirs avides me l'avaient promis. Car je n'ai pas eu l'intention de vivre jusqu'au dernier jour que mes espoirs avides m'avaient promis ; au contraire, j'ai considéré chaque jour comme s'il était le dernier. Pourquoi demander la date de ma naissance, ou si je suis encore inscrit dans le registre des jeunes hommes[48] ? Ce que j'ai est à moi. De même qu'un homme de petite taille peut être un homme parfait, de même une vie de petite envergure peut l'être. L'âge est une donnée extérieure.[49] Ce n'est pas à moi de décider combien de temps j'existerai, mais combien de temps je continuerai à exister dans ma forme actuelle, c'est moi qui le décide. C'est la seule chose que tu es en droit d'exiger de moi : que je cesse de mesurer un âge peu glorieux comme s'il était dans l'obscurité et que je me consacre à vivre au lieu de me laisser entraîner par la vie passée.

---

47 C'est-à-dire le soleil.

48 Comme dans la *comitia centuriata d'*origine, les hommes âgés de dix-sept à quarante-six ans.

49 Comme la richesse, la santé, etc.

Et qu'est-ce que la plénitude de la vie ? C'est de vivre jusqu'à ce que l'on possède la sagesse. Celui qui l'a atteinte a atteint, non pas le but le plus éloigné, mais le plus important. Un tel homme peut exulter de courage et rendre grâce aux dieux et à lui-même, et il peut se considérer comme un honneur pour la nature d'avoir vécu. En effet, il aura le droit de le faire, car la nature lui a rendu une vie meilleure que celle qu'il a reçue. Il a établi la norme d'un homme bon, montrant sa qualité et sa grandeur. Si l'on avait ajouté une année de plus, il aurait tout simplement ressemblé au passé.

Et pourtant, combien de temps allons-nous continuer à vivre ? Nous avons eu la joie d'apprendre la vérité sur l'univers. Nous savons de quels principes naît la nature, comment elle ordonne le cours des cieux, par quels changements elle fait reculer l'année, comment elle a mis fin à toutes les choses qui ont existé, et s'est établie comme l'unique fin de son propre être.[50] Nous savons que les étoiles se meuvent d'elles-mêmes, et qu'il n'y a que la terre qui soit immobile, tandis que tous les autres corps courent avec une rapidité ininterrompue. Nous savons comment la lune dépasse le soleil, pourquoi le plus rapide laisse le plus lent derrière lui, comment elle reçoit sa lumière ou la perd à nouveau, ce qui cause la nuit et ce qui rend le jour. C'est là qu'il faut aller pour voir de plus près toutes ces choses. Le sage dit : «Et pourtant, je ne pars pas avec plus de courage pour cet espoir, parce que je juge que le chemin vers mes propres dieux est clair devant moi. En effet, j'ai été admis en leur présence, et j'ai déjà été en leur compagnie ; je leur ai envoyé mon âme comme ils m'avaient envoyé la leur auparavant. Mais si je suis complètement anéanti et qu'après la mort il ne reste plus rien de mortel, je n'en ai pas

50 En d'autres termes, la nature elle-même est éternelle.

moins de courage, même si, au moment de partir, mon chemin ne mène nulle part.»

«Mais il n'a pas vécu autant d'années qu'il l'aurait pu», dis-tu. Il y a des livres de peu de lignes, admirables et utiles malgré leur étendue ; et puis il y a les *Annales* de Tacite, tu sais combien le livre est volumineux, et ce qu'en disent les hommes. C'est le cas de la longue vie de certaines personnes, état qui ressemble aux *Annales* de Tacite ! Le combattant qui est tué le dernier jour des jeux te paraît-il plus heureux que celui qui meurt au milieu des réjouissances ? Penses-tu qu'il y ait quelqu'un d'assez stupidement avide pour préférer être décapité dans le vestiaire plutôt que dans l'amphithéâtre ? L'intervalle qui nous précède n'est plus. La mort nous visite tous, l'assassin suit bientôt l'assassiné. Après tout, c'est une bagatelle dont on parle avec trop d'inquiétude. Et de toute façon, qu'importe le temps que l'on passe à éviter ce à quoi on ne peut échapper ?

LETTRE 105
AFFRONTER LA MORT AVEC CONFIANCE

Je vais maintenant te dire certaines choses auxquelles tu devrais prêter attention afin de vivre plus en sécurité. Mais fais-le, tel est mon jugement, écoute mes préceptes comme si je te conseillais de préserver ta santé dans ton lieu de campement en Ardée.

Il réfléchit aux choses qui poussent l'homme à le détruire : tu constateras qu'il s'agit de l'espoir, de l'envie, de la haine, de la peur et du mépris. Or, de toutes ces choses, c'est le mépris qui est le moins nocif, à tel point que beaucoup l'ont pris comme une sorte de remède. Lorsqu'un homme te méprise, il te blesse sans doute, mais il passe à côté de toi ; et personne ne blesse obstinément ou volontairement une personne qu'il méprise. Même au combat, les soldats prostrés sont méprisés : les hommes se battent avec ceux qui sont debout. Et tu peux éviter les espoirs envieux des méchants tant que tu n'as rien qui puisse éveiller les mauvais désirs des autres et tant que tu ne possèdes rien de remarquable. En effet, les gens recherchent les petites choses, même si elles attirent l'attention ou si elles sont rares.

Tu éviteras l'envie si tu ne te mets pas en avant en public, si tu ne fais pas étalage de tes biens, si tu sais apprécier les choses en privé. La haine provient soit d'un manque de respect pour les autres, que tu peux éviter en ne provoquant personne, soit elle est inutile, et le bon sens permet de t'en prémunir. Cependant, elle a été dangereuse pour beaucoup ; certaines personnes ont été haïes sans avoir eu d'ennemi. Pour ce qui est de ne pas être craint, une fortune modérée et un caractère facile te en garantissent ; il faut que les gens sachent que tu es de ceux qu'on peut offenser sans danger, et que ta réconciliation soit facile et sûre. D'ailleurs, il est aussi pénible d'être craint chez soi qu'à l'étranger ; il est aussi mauvais d'être craint par un esclave que par un gentilhomme. Car tous ont assez de force pour te faire du mal. D'ailleurs, celui qui est craint craint aussi ; personne n'a jamais pu susciter la terreur et vivre en paix.

Le mépris est encore un sujet de discussion. Celui qui a fait de cette qualité un attachement à sa propre personnalité, qui est méprisé parce qu'il veut l'être et non parce qu'il doit l'être, a la mesure du mépris sous son contrôle. Tout inconvénient à cet égard peut être dissipé par des occupations honorables et par des amitiés avec des hommes d'influence ; avec ces derniers, il te sera utile de t'engager, mais non de t'empêtrer, de peur que le remède ne te coûte plus que le risque. Rien, cependant, ne t'aidera autant que de rester tranquille, de parler peu aux autres et le plus possible à toi-même. Car il y a dans la conversation une sorte de charme, quelque chose de très subtil et de très persuasif, qui, comme l'ivresse ou l'amour, nous arrache des secrets. Personne ne garde pour lui ce qu'il entend. Personne ne dira à un autre que ce qu'il a entendu. Et qui dit histoires dit aussi noms. Chacun a quelqu'un à qui il confie exactement ce qui lui a été confié. Même s'il contrôle sa propre vulgarité et se contente d'un seul auditeur, il attirera sur lui une nation, si ce qui était un secret peu de temps auparavant devient une conversation courante.

La contribution la plus importante à la paix de l'esprit est de ne jamais faire le mal. Ceux qui manquent de maîtrise de soi mènent une vie troublée et tumultueuse ; leurs crimes sont contrebalancés par leurs peurs et ils ne sont jamais à l'aise. Ils tremblent après l'acte et ont honte ; leur conscience ne leur permet pas de s'occuper d'autres choses et les oblige sans cesse à donner une réponse. Celui qui s'attend à une punition la reçoit, mais celui qui la mérite l'attend. Là où il y a une mauvaise conscience, quelque chose peut apporter la sécurité, mais rien ne peut apporter le soulagement ; car un homme s'imagine que, bien qu'il ne soit pas en état d'arrestation, il pourrait bientôt l'être. Son sommeil est troublé ; quand il parle du crime d'autrui, il pense au sien, qui ne lui paraît pas assez effacé, pas assez caché. Un malfaiteur a parfois la chance d'échapper aux regards, mais jamais la sécurité.

Made in the USA
Las Vegas, NV
11 November 2026

57902285R00069